50歳からの

やめる美容

はじめる美容

サロン・ド・メリッサ代表
山田祥子

Gakken

Special Interview

黒田知永子さん

「山田さんに出会った40代後半から、スキンケアも食事も見直しました」

山田さんのアドバイスで栄養補給と、日々のスキンケアの大事さを実感

山田さんのサロンには、40代後半から通いはじめて、もう15年以上経ちます。山田さんはとても勉強熱心で、美容オタクであり健康オタク。通いはじめた頃は、私の普段のスキンケアや食生活にかなりダメ出しされました(笑)。

自分ではバランスよく気をつけて食べていたつもりなのですが、色々足りない!と。

「栄養が足りていないと肌にも髪にも目にも影響するから、特にタンパク質やビタミンは今まで以上に意識してとらないといけない」と、タンパク質やビタミンをしっかりとることの重要性を熱心に説かれ、私も「タンパク質」をとても意識するようになりました。

ビタミンCもサプリを利用してしっかりとるよう心がけています。そのかいあってずっと体調をキープできているのだと思います。

もうひとつ見直したのがスキンケア。それまでは忙しいと雑にしてしまうこともあったのですが、山田さんに保湿とクレンジングを丁寧にすることの大切さを教わりました。カサカサの肌にどんなにメイクを塗り重ねても余計に老けて見えますよね。年齢を重ねたら日々のスキンケアを地道にきちんと続けて土台を整えることが大事。私も山田さんに教わった〝指センサー〟で、毎日肌をチェックしながらケアをしています。未来の肌状態を決めるのは、やはり毎日の小さな「ひと手間」ですよね。

毎日コツコツ続ける地味な「ひと手間」が未来の肌をつくる

笑顔がいきいきしている人が、いくつになってもキレイに見える

若さに過剰に固執するのでなく楽しみながらケアしていきたい

私が考える〝いくつになってもキレイな人〟は、人生を楽しんでいる笑顔がいきいきとした人。笑顔が減ると口角が下がって一気に老け込みますよね。なので若さに過剰に固執せず、人生を楽しみたい。〝ちょっと若く見える〟くらいがちょうどいいと思うんです。だからシミを防ぐには紫外線を避けたほうがいいのはわかっていても、大好きなゴルフは続けています。その代わり山田さんの教えどおり、帰ったらパックをしたり、抗酸化サプリを多めにとったりしています。人生を楽しみながらケアをすることが大事ですよね。

Chieko Kuroda

年を重ねたらやせすぎはNG。食事と運動で筋肉を維持したい

ボディについては、ここ数年ほとんど体重が変わっていません。以前、なぜか2kgぐらい体重が減ったときに少しげっそりした感じがして、年齢を重ねたらやせればいいというものでもないなと実感。きちんと必要なものを食べることが何よりも大事だなと思っています。それから、一生自分の足で歩くためにヨガで筋肉を鍛えるのも習慣です。若々しさの源はやはり健康。そのためには、地味で基本的なことをコツコツ続けるしかなく、それが将来、大きな差を生むのだと思います。皆さんも山田さんのメソッドを参考にしてみてくださいね。

黒田知永子 *Profile*

1961年生まれ。モデルとして数々のファッション誌のカバーを飾り、現在でも第一線で活躍。ファッション、美容の造詣も深く、著書に『黒田知永子 Only My Way とっておきのワンピース』（宝島社）などがある。

はじめに

30年以上、女性の肌と体を見続けてわかった美しさの源とは

私がエステサロンを開業したのは1992年1月。「エステティック」というワードがやっと耳慣れるようになりはじめた頃です。それから33年目の今まで、ありがたいことに通い続けてくださっているお客様がとても多いので、年齢の変化によって影響を受ける女性の肌と体の変化を観察し、多くのことを学ばせていただいています。その中で気づくのは、50代に入ったお客様から、「美白ケアを完璧にしているのに年々シミが濃くなる」「食事量は若い頃と変わらないのにお腹周りの脂肪が増える一方……」「熟睡できず寝ても疲れが取れない」などのご相談が増えることです。こんな不調が起きると、多くの人は「年だから仕方ない」と思うようですが、私は決してそうではないと断言できます。50代なのに30歳代と変わらない肌の質感を維持している方や、マイナス20歳といっても過言ではない健康状態をキープしている方などを日々目の当たりにしているからです。そんな方々の共通点は、流行りの美容情報に流されることなく、基本的なスキンケアと、必

要な栄養の補給をコツコツと行っていることです。

私はエステティシャンとして施術をする中で、肌や体の細胞が本来の力を呼びもどすために最優先すべきは、毎日口からとる栄養だということ、そして、外側からのケアだけでは限界があることを確信しました。そのため、なかなか肌トラブルが改善されない方、病気とまでは言えない不調（不定愁訴）を抱えている方には、積極的に栄養補給の必要性をアドバイスしてきました。その基本となっているのが、33年前に出会い学んだ植物療法や分子整合栄養学です。何を試しても、肌や体の土台が改善しないと感じている方は、まずは自分の体が求めているのに与えられていない栄養素の補給を優先してあげましょう。そのうえで自分にあったスキンケアを正しく行うことが大切です。

本書では、私が長年の経験から導き出した、50歳からの女性の健康美に欠かせない毎日のセルフケアや栄養のとり方をご紹介しています。よかれと思って続けていることが老化を加速させている場合も多いので、「やめる」べきことを先にお伝えし、トライしていただきたいことを「はじめる」としてご紹介しています。ぜひどちらも実践を。ご自身の肌や体にある美しさの源が目覚めるはずです。

CONTENTS

第1章 50歳からの肌と髪

第2章 50歳からの体の美と健康

Staff

デザイン　小林昌子
撮影　岡部太郎（P2~5）
　　　鈴木希代江（本文）
ヘアメイク　佐伯エミー
　　　　　　徳田郁子
スタイリスト　大沼静
モデル　殿柿佳奈
イラスト　二階堂ちはる
校正　麦秋アートセンター
取材・文　和田美穂
企画編集　小中知美

第1章

50歳からの肌と髪

50歳からの肌と髪は体の変化の影響を大きく受けてしまいます。その変化の波に負けず肌と髪の美をキープするために、50代から「やめる」べきこと、「はじめる」べきことをご紹介します。

急速に劣化をたどる50代の肌は第3コーナー

私は長年、多くのお客様の肌を見てきましたが、50歳前後からの肌状態は、個人差があまりにも大きいことに驚かされます。

この年代は、女性ホルモンの分泌が激減する影響で、代謝の低下や、皮脂量や水分量の低下、体内で起こる酸化や糖化と、多くのマイナス要因が重なるため、急速に肌の老化が進む傾向があります。具体的な変化としては、左ページのイラストで示したように、シワが目立ちやすくなる部分、シミが目立ちやすくなる部分、たるみが目立ちやすくなる部分と、パーツによって異なります。

これらは、加齢とともに誰にでも起こり得るものですが、日々のケア次第で最小限に抑えることは十分に可能です。でも、基本的なスキンケアを怠っていたり、ケア方法が間違っていたりすると肌の老化が加速し、実年齢以上に老けた印象になってしまいます。こうして、きちんとケアをしている人とそうでない人の肌状態に大きな差が生まれるのです。

「美しさ」の定義は人それぞれだと思いますが、私が考える美しさとは、「健康感」です。顔の1カ所のシミやシワなどをピンポイントで見て気にするあまり、手っ取り早くボトックス注射やヒアルロン酸注射などの美容医療に頼る人も少なくありません。美容医療も最近では、エ

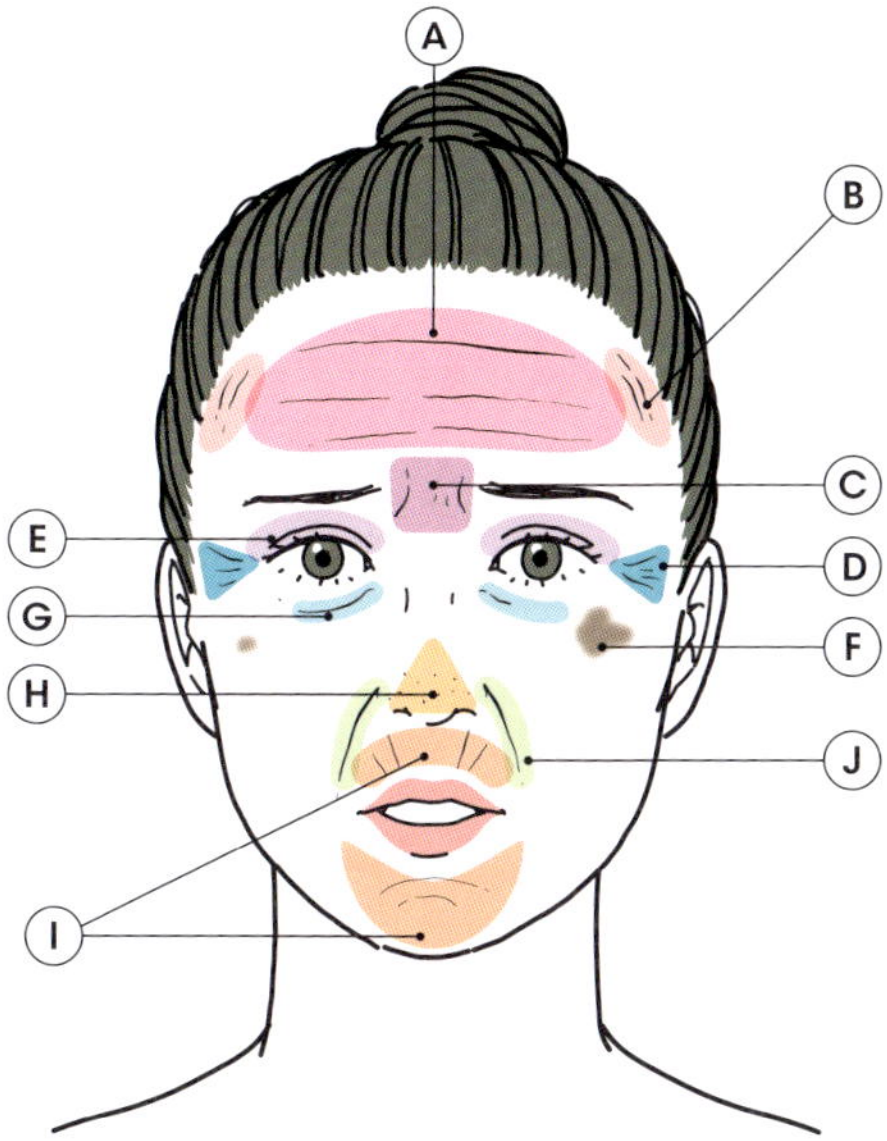

Ⓐ 乾燥や角質肥厚、頭皮のゆるみなどが原因で横ジワが入りやすい。
Ⓑ 角質肥厚しやすく縦横混ざった深いシワが刻まれやすい。
Ⓒ 前頭筋や眼輪筋のゆるみや、表情筋の使い方のクセなどによってシワが深くなりやすい。
Ⓓ 角質肥厚が加わると段差のある深いシワが入りやすい。
Ⓔ 保湿不足や雑なアイメイククレンジングなどが原因でまぶたがたるみ、色素沈着も起きやすい。
Ⓕ 紫外線を浴びていなくても最もシミができやすく、もともとあるシミは悪化しやすい。
Ⓖ タンパク質不足や、骨量の減少によりゴルゴラインが目立ちやすい。
Ⓗ 雑なクレンジングなどが原因で毛穴の広がりやブラックヘッドが目立ちやすい。
Ⓘ 代謝の低下によって縦横のシワが梅干し化して目立ちやすい。
Ⓙ 皮脂量が少ない部分でダメージを受けやすい。シミ、張り不足、たるみ悪化がほうれい線のシワに直結。

ステ感覚になってきていますよね。リスクがないならうまく取り入れるのもアリだと思いますし、その手段を否定しているわけではありません。ただ、どこかをピンポイントで治すことを繰り返すのは賛成できません。いつのまにか笑った顔が不自然になり、なんだか不健康そうにも見えたりします。それに対して、シミやシワが多少あるにもかかわらずキレイで輝いている人っていますよね？自然な潤い感と透明感があるだけで、シワもシミも目に飛び込んでこない。そんな自然な笑顔は、いくつになってもチャーミングで、とても素敵です。

私はみなさんに、そんな「健康美」を目指していただきたいのです。顔の特定の1カ所にフォーカスして特別な治療やケアをする前に、まずは肌の土台をよくするために必要な栄養素をとったり、50代にふさわしいスキンケアをすることをおすすめします。この章ではそんな方法を具体的にご紹介します。

01

雑な クレンジング

クレンジングのやり方が雑か丁寧かが50代からの肌年齢を左右する最大の鍵。

→P18

02

保湿不足

パパッと手早く行う保湿では、50代からの肌にとっては潤い不足に！

→P28

03

過度な 角質ケア（ターンオーバー促進信仰）

ターンオーバーを促す＝美肌と思い込んで、過度な角質ケアをするのはNG。

→P36

04

無意識の 無表情

マスク生活のなごりで無表情になっている人が多数。これは老化が進むNG習慣。

→P38

05

朝食抜き

朝食抜きは顔のたるみを進める隠れた原因。50代からこそ抜かずにとるべき。

→P46

06

まつ毛 エクステ

まつ毛エクステは、まぶたの老化を進める要因に。まぶたを乾燥させるラメ入りシャドウも要注意。

→P48

ブラウス／Pierrot

07

スマホ・タブレットの見すぎ

スマホやタブレットの見すぎは、大人こそ注意！目の周りの老化を進める原因に。

→P52

08

屋外での汗だく運動

健康のためにと屋外のスポーツでついがんばりすぎ、汗だく。これがシミの元に。

→P59

09

ベジタリアン

肉は控えて、野菜ばかりでヘルシーに、という人も多いが、実は肌をくすませる。

→P59、68

50代でやめたら肌と髪がよみがえるリスト12

普段何気なくやっていることが、肌や体の老化を加速させている可能性あり。50代からやめるべきはこの12の習慣。その理由は該当ページをチェック！

10

頻繁な美容レーザー

若返りのためにと美容レーザーを頻繁に行うと、逆に肌を弱くする可能性が。

→P66

11

糖質のとりすぎ・揚げもの

糖質が多いものや揚げものをよく食べていると、肌老化のスピードが加速！

→P72

12

偏食・過食・少食

白髪、抜け毛などの髪の年齢悩みの原因は偏食や少食などによる栄養不足かも。

→P86

NOT TO DO LIST

やめる

肌を劣化させる 雑なクレンジング

Basic Skin Care

クレンジングはやり方次第で、シワを深くしたり、シミを増やすなど、肌老化の速度に大きく影響を与えてしまいます。意外とこのことに注意を払っている人は少ないようです。

皆さんは毎日のクレンジングを、顔のどのパーツも同じように行っていませんか？ たとえば顔の中でも、汚れ落としが雑でおろそかになりやすい部分があります。**額のクレンジング不足は、目周りのシワやたるみに影響を与えますし、鼻の下のクレンジング不足は、口元の梅干しジワの出現に**つながります。このようなクレンジング不足は、皮膚の正常な代謝を落とし、老化を早めてしまいます。一方、逆に過剰にクレンジングをして必要な皮脂膜まで奪ってしまうと、外界からの刺激を受けやすくなり、その結果、シミや色素沈着を多発させることになりかねません。

また、さらに要注意なのが目元のクレンジングです。

アイライナーやマスカラは、一般的なクレンジング剤では落としにくいため、専用リムーバーやオイルタイプのクレンジングで落とす人が多いかも知れません。ただ、どちらも洗浄力が強めの界面活性剤が使われ、目周りの乾燥やたるみを招く原因にもなります。それに加えて、残ったアイラインをこすって落としていたりすると、色素沈着やまぶたたるみの原因にもなってしまいます。

ですから50代の今こそ、正しいクレンジング方法を知っていただきたいのです。クレンジングを丁寧に行うことは、地味な作業ですが、50代からの美肌づくりには、この「地味ケア」の習慣化こそが大切です。私からのおすすめは、次ページからご紹介する「指センサー」を使ったクレンジング。角質肥厚を防ぎ、なめらかな肌をキープできます。ぜひ今日からこの方法に変えてください。1週間もすれば、見た目も肌触りも驚くほど変わります。

はじめる

スキンケアの最強の道具「指センサー」を使おう

#指センサー　#クレンジング　#雑なクレンジング　#やめるスキンケア　#はじめるスキンケア

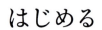

頬のシミが急に濃くなってきた、目元の小ジワやたるみが一気に悪化した、口周りの縦ジワが急に増えて「梅干し化」し、一気に老け込んだ……。こんな肌のエイジング症状は、短期間で急に起こるわけではなく、深刻化するまでになんらかの前兆があったはず。でも、あなた自身が見逃してしまっていたのです。老化を防ぐためには、この兆候を見逃さないことが重要です。そのためにおすすめしたいのが、肌からのSOSをキャッチするための「指センサー」使い。自分の指は肌の微細な変化を読み取るための優れたセンサーです。そのセンサーを使って、毎日の肌の小さな変化を見逃さないようにキャッチしましょう。具体的な方法は次ページをチェック！

#指センサー

指センサーを使えば肌老化の原因角質の乱れをキャッチできる

「指センサー」の方法は、クレンジング中やスキンケアをする前などの素肌に、中指と薬指の指の腹をそっとすべらせます。このときに感じる肌からの情報、メッセージを感じ取ってください。目を閉じて集中するとセンサー力がよりアップします。そしてまずチェックしていただきたいのが、自分の肌が肥厚しているか（垢がたまっているか）否かです。肥厚している部分はほかよりゴワつきがあります。表皮の角質の状態は一律ではないので、肥厚が局所的なのか全体的なのかもチェックしましょう。また、左ページのA～Fのように、部分ごとに起きやすいトラブルが異なるので、このような問題が起きていないかをチェック。

　毎日のスキンケアの際に、この指センサーを行うと、わずかな肌の変化をキャッチできるようになり、その日に必要なケアのヒントが得られて、トラブルが深刻化するのを未然に防ぐことができます。

HOW TO

指センサーを使うスキンケアのポイント

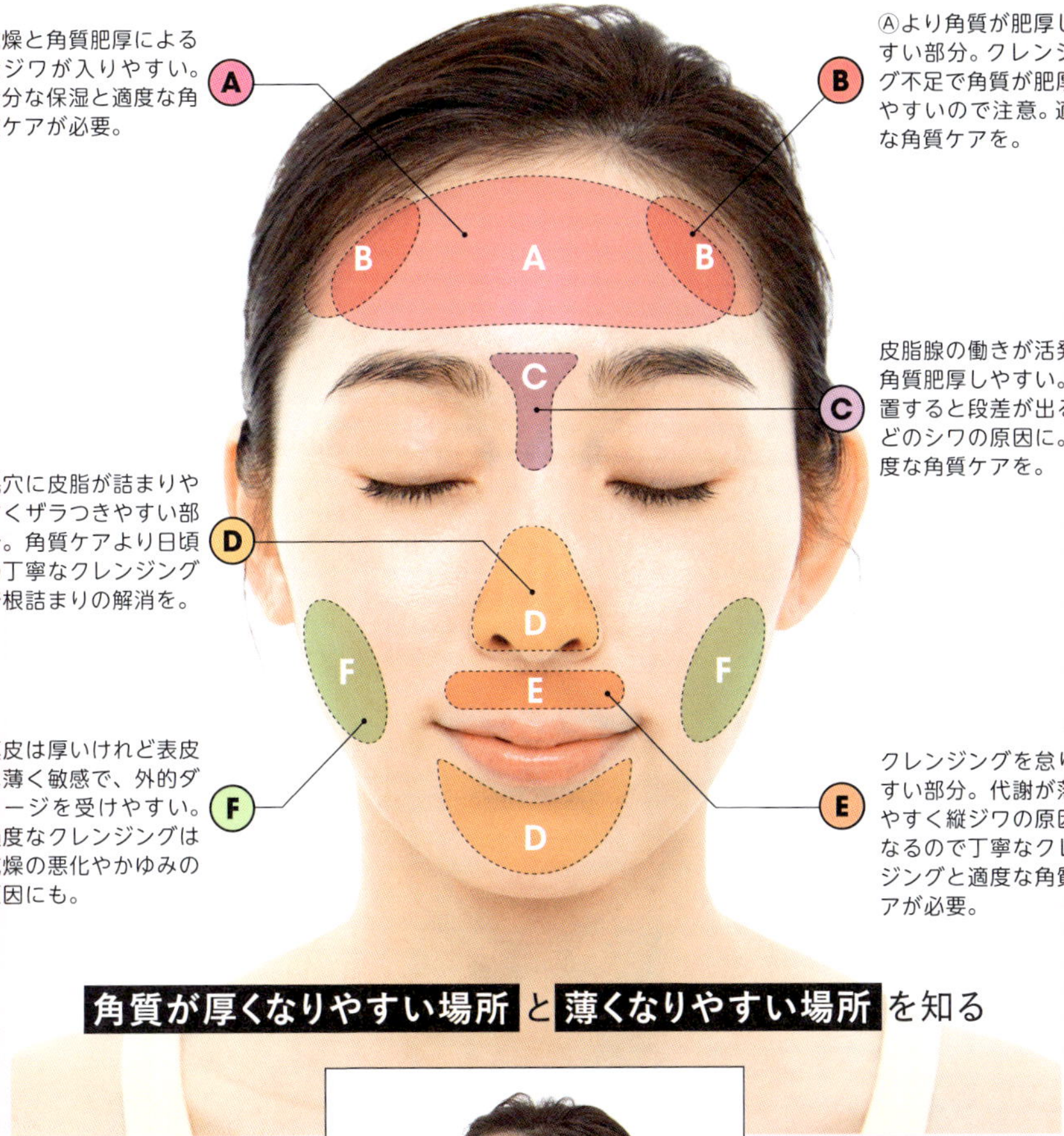

A 乾燥と角質肥厚による横ジワが入りやすい。十分な保湿と適度な角質ケアが必要。

B Ⓐより角質が肥厚しやすい部分。クレンジング不足で角質が肥厚しやすいので注意。適度な角質ケアを。

C 皮脂腺の働きが活発で角質肥厚しやすい。放置すると段差が出るほどのシワの原因に。適度な角質ケアを。

D 毛穴に皮脂が詰まりやすくザラつきやすい部分。角質ケアより日頃の丁寧なクレンジングで根詰まりの解消を。

F 真皮は厚いけれど表皮は薄く敏感で、外的ダメージを受けやすい。過度なクレンジングは乾燥の悪化やかゆみの原因にも。

E クレンジングを怠りやすい部分。代謝が落ちやすく縦ジワの原因になるので丁寧なクレンジングと適度な角質ケアが必要。

角質が厚くなりやすい場所と薄くなりやすい場所を知る

肌が肥厚しているか否かを指を使って微細にジャッジ

中指と薬指の指の腹、特に中指の腹をそっとすべらせて特に薄くなっている部分がないか、逆に角質が厚くザラついている部分がないかをチェック。センサー力を研ぎ澄ませて行って。

HOW TO

指センサークレンジング

コットンで表面の汚れをふき取る

クレンジングローションをコットンにつけ、優しくすべらせるように、ポイントメイクと肌表面の汚れを落とす。

クレンジング剤を全顔にのせ、下半分をマッサージ

ミルククレンジングを、あご先→耳横、口角→耳横、鼻横から目尻へと円を描きながら塗る。このとき指センサーでザラつきや、皮膚が薄くなっている部分がないかチェック。

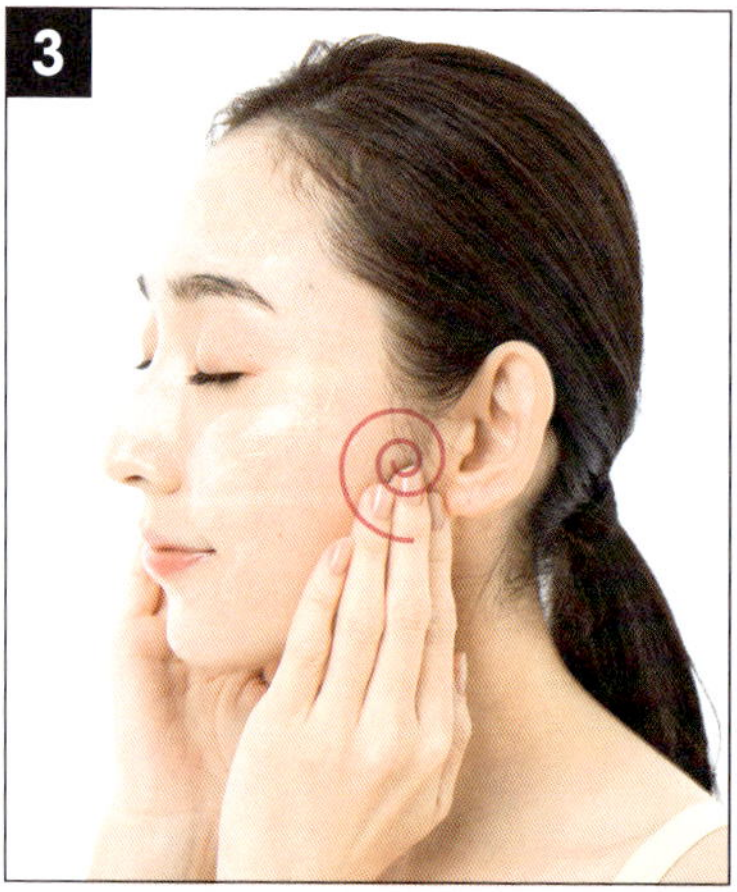

耳の手前を小さな円を描くようにほぐす

耳の前は汚れ落としもれが出やすい場所。指の腹で小さな円を描くようにマッサージしながらクレンジングをなじませて。耳下腺リンパが刺激され、リンパの流れも促進。

皮脂がたまりやすい小鼻の横は詰まり具合をチェックしながら

中指と薬指の腹を小鼻の脇から少し離れたところまでを小さな円を描くようにマッサージ。皮脂が詰まってざらつきやすい部分なので指センサーでチェックしながら行って。

口周りは ざらつきに注意

あごは皮脂が詰まって肥厚しやすい部分。唇を内側に入れ、指センサーでチェックしながら小さな円を描くようにほぐす。唇の上は硬くなって梅干しジワができやすいのでチェックしながら縦にジグザグを描くようにほぐす。

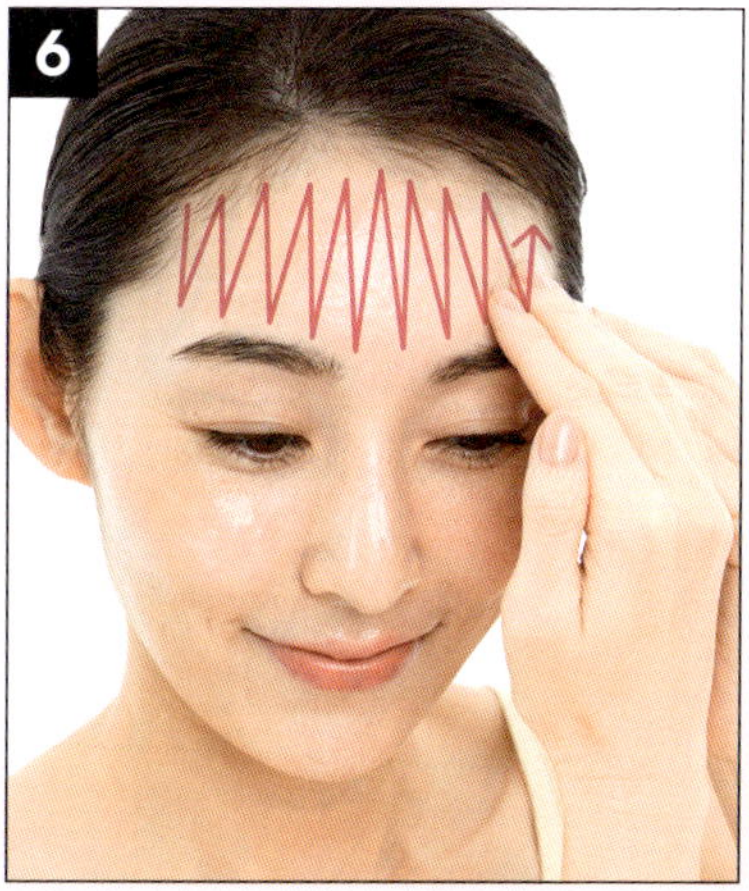

額は両手でジグザクとしっかり

額の両サイドも汚れ落としもれが出やすく、角質が肥厚しやすい部分。両手の指の腹を当て、上下に小さくジグザクに動かしながら肥厚していないかチェック。角質が肥厚していると感じた部分は丁寧に。

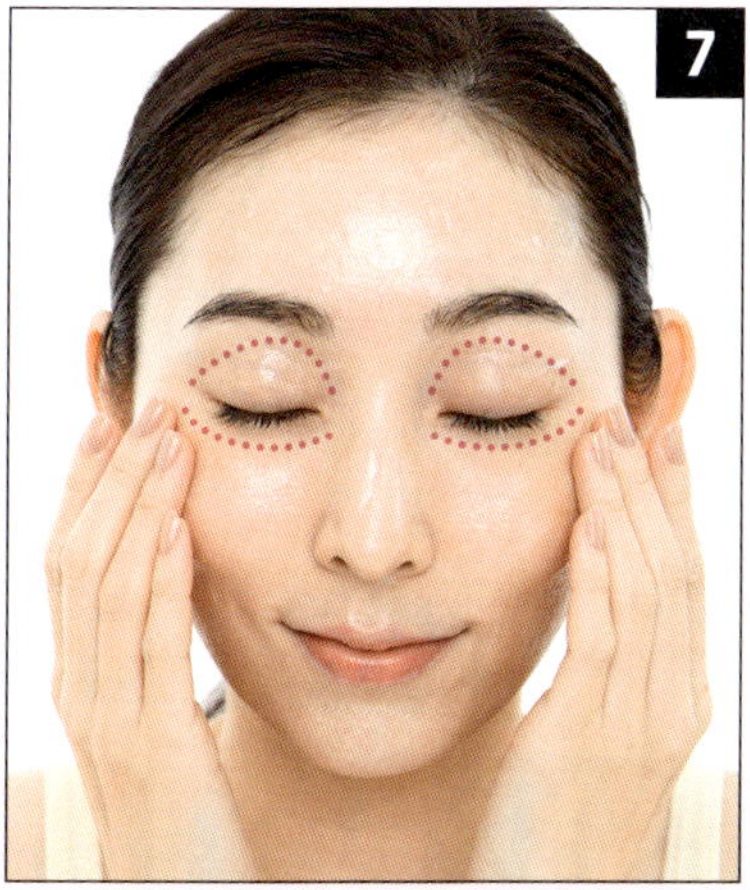

目周りの骨のキワを優しく押す

中指と人差し指の腹を目の下の骨のキワに当て、目尻から目頭へ優しくプッシュ。次に目の上の骨のキワに沿って同様に。角質が肥厚している部分、薄くなっている部分をチェックしながら行って。

オイルクレンジングや油膜が残るクレンジングは避けて

肌はクレンジング剤選びでも大きく変わります。オイルタイプに使われる界面活性剤は洗浄力が強く、汚れ落ちはよくても必要な皮脂も奪いやすいので、特に50代からの肌にはおすすめしません。また、洗い上りがしっとりするタイプは、表皮に油膜や保湿剤が残るので、次に使う化粧品の浸透を妨げ、皮膚代謝を低下させることも。

理想は、汚れはしっかりと落としつつ、必要な皮脂までは取りすぎることのないミルクタイプ。私は低刺激で汚れ落ちのよい、オリジナルのクレンジングミルクを推奨しています。クレンジング次第で肌質感はがらりと変わるので、ぜひ見直しを。また、オイルタイプのアイメイクリムーバーが目の中ににじみ込み、しばらく目が白く濁ってしまった経験はありませんか？　そのような繰り返しは、視力低下や眼病の元にもなり得るので、水溶性タイプの低刺激クレンジングがおすすめです。

#やめるスキンケア　#オイルクレンジング

【おすすめ】
ローション&ミルクタイプのクレンジング

(左から)ダマスクローズ花水をベースにアミノ酸系保湿成分や13種の植物エキスを配合。優しくふき取るだけでアイメイクもしっかり落とせる。メリッサボーテ クレンジングハーブローション200mℓ¥3740、皮膚との親和性が高いマカデミアナッツ油やアミノ酸系の洗浄成分配合。メリッサボーテ アミノクレンジングミルク 200mℓ¥4400/サロン・ド・メリッサ

TO DO LIST

はじめる

「肌育」力の基礎をつくる 徹底保湿

#肌育保湿

ご存知のように、美肌づくりの基本は保湿です。とはいえクレンジングと同様、毎日の保湿もざっくりと行って十分にできていない人が多いのではないでしょうか。

50代になると、肌をつくるタンパク質の変性や、角質層の潤い成分であるセラミドの減少により、水分を抱え込んでキープする「皮膚の抱水性《ほうすいせい》」が低下します。だからこそ保湿ケアを最重視するべきなのですが、若いころのままやり方を変えずにいるケースもよく聞きます。

そんな**50代の肌におすすめしたいのは、「化粧水の2度塗り」**です。私の経験から感じるのは、化粧水を1回塗っただけでは、50代の乾いた肌が欲している水分量の半分も与えられないということ。2回目でやっと肌の渇水が解消されるように思います。そして**ポイントは、1度目の化粧水がしっかり浸透するのを待ってから2回目を塗ること**。化粧水の量が足りなかったり、浸透を待たずすぐに油性のクリームなどでふたをしてしまうと、肌代謝を低下させるので、まずは水溶性である化粧水を先に塗り、丁寧なつけ方を習慣化させることが、「肌育」の第一歩です。

そして、美容液、乳液、クリームと次々と慌てて重ねづけしないことです。肌の隅々に浸透させるには、ある程度の時間が必要で、各アイテムの浸透を待たずに塗り重ねると、それぞれの美容成分が薄まってしまい、本来の効果が得られない可能性も。ですから、ひとつずつ浸透を待ってから塗りましょう。

このポイントを守ると、夕方になっても肌が乾燥しにくくなるのを感じられるようになります。この保湿法をお客様にお伝えすると、次に来られたときその方の肌の抱水性がグッと上がっているのを感じます。50歳からは、丁寧な保湿で「肌育」をしましょう。

HOW TO

50代からのスキンアップケアのポイント

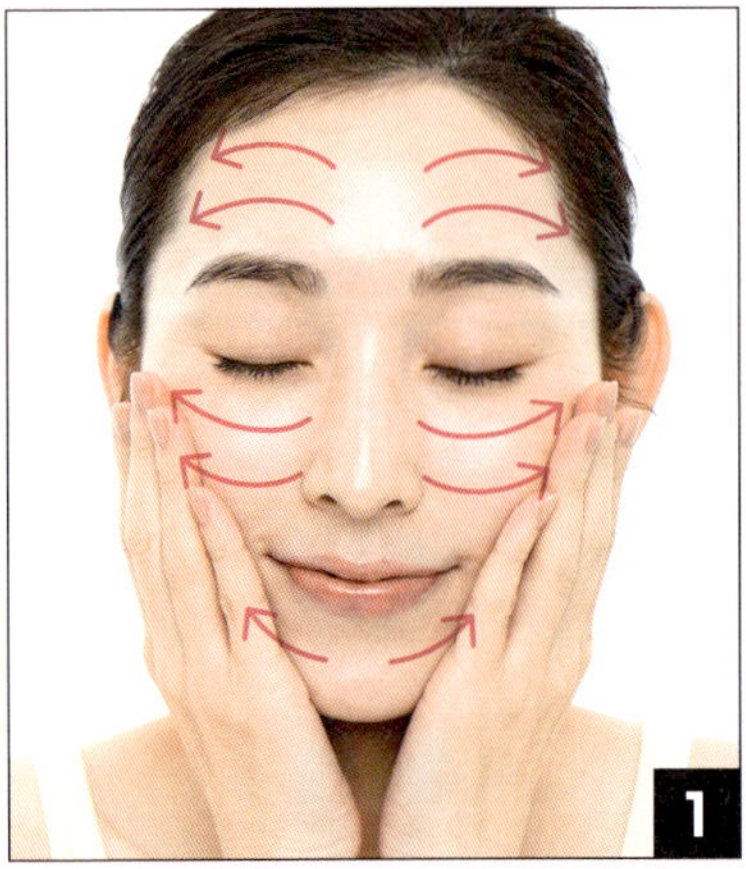

顔全体に手のひらで押し込むように

化粧水を適量手に取り、肌に手のひら全体に当て、中心から外へとすべらせるようになじませる。あご、頬、目元、額と全体に塗って。

point
1

50代からの化粧水は2度塗りが基本

まず最初に化粧水の2度塗りをしましょう。1度目を浸透させきってから2度目を塗るのがポイント。これによって保湿効果が持続。

目を覆うようにプレスしてつける

乾燥しやすい目元は手のひらで目を覆うようにして入れ込む。摩擦をしないように皮膚を動かさず優しく押さえて浸透させること。

パッティングしながら水分を押し込む

最後に手のひらで優しく顔全体をパッティング（これは、1、2を行って化粧水の浸透を待つ間にpoint2を行ってから最後に行う）。

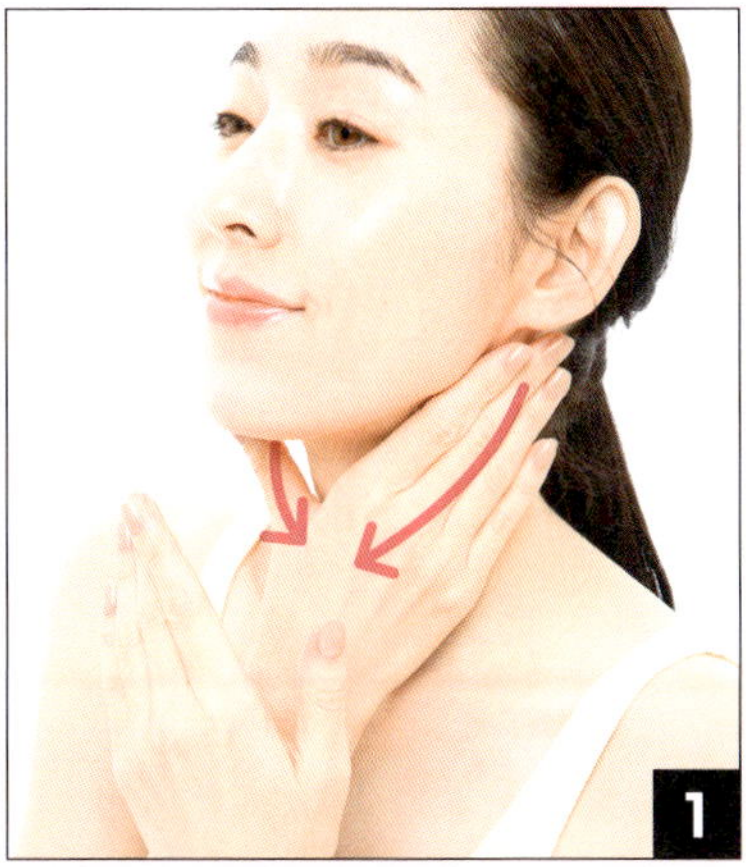

首の前は斜めになで下ろす

フェイスラインの下に片方の手のひらを当て、鎖骨へ向かってなで下ろしながら保湿。これを左右の手で交互に数回繰り返す。

point

2

老化が現れやすい首こそしっかりと

保湿を忘れやすい部分が首や耳の後ろ。実は紫外線を浴びて乾燥が進んでいる部分なので、顔の化粧水の浸透を待つ間に必ず保湿を。

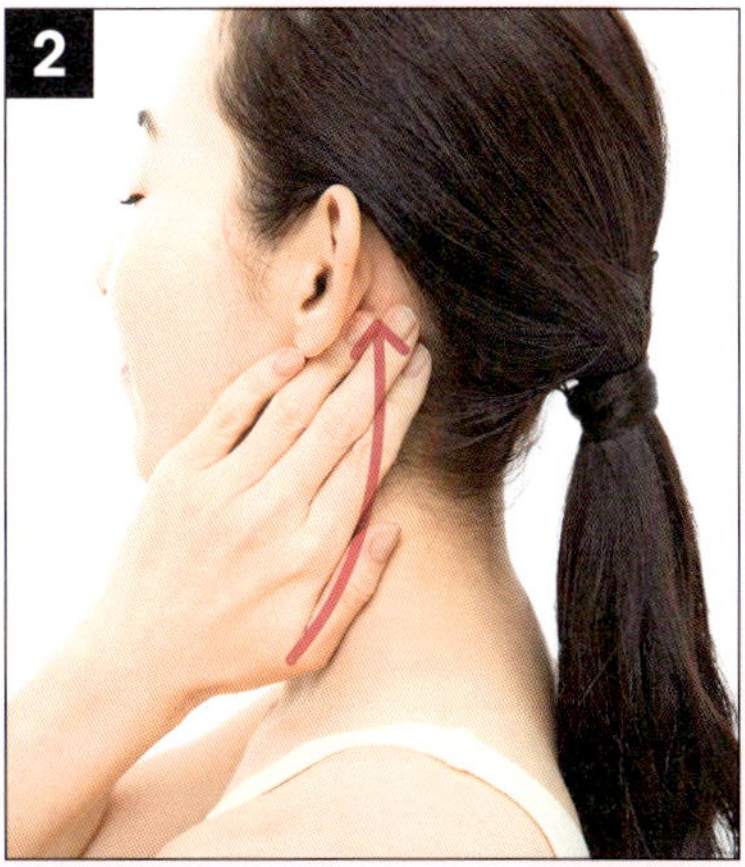

肩から耳の後ろまですべらせる

耳の下の肩に指の腹を当てて、耳の後ろへと下から上へとすべらせながら保湿。左右とも数回ずつ行う。

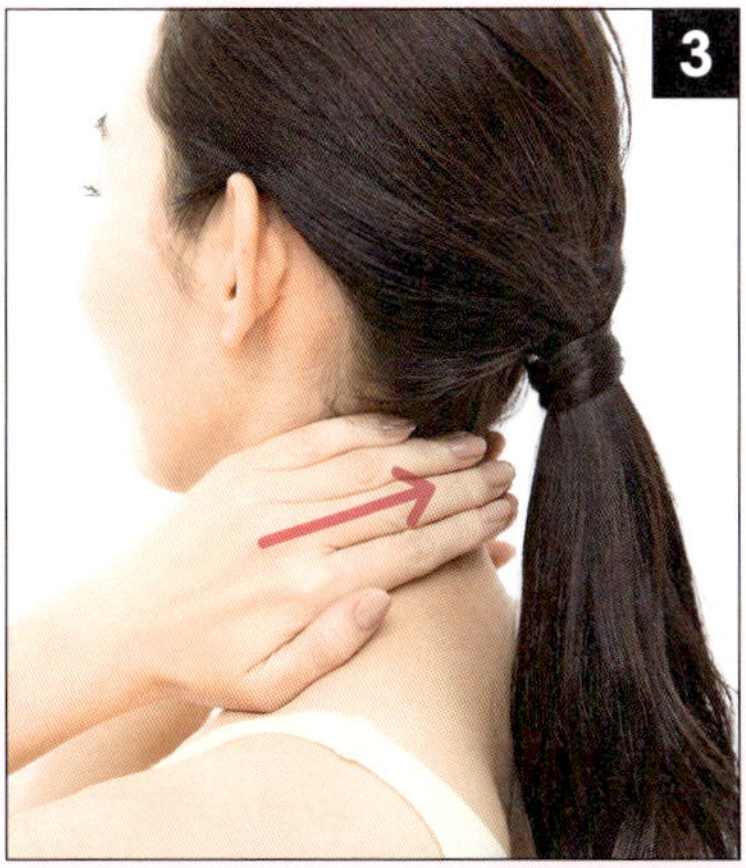

首の前から後ろへとすべらせる

首の前に左右の手のひらを当て、首の後ろへすべらせながら保湿。これを数回。終わったら右ページの1〜3を再度行う。

HOW TO

50代からのスキンアップケアのポイント（続き）

point

3

乳液・クリームは パーツを丁寧に

化粧水を塗った後は、乳液やクリームなどで油分を与えて潤いを封じ込めましょう。乾燥しやすい部分は特に丁寧に塗ること。

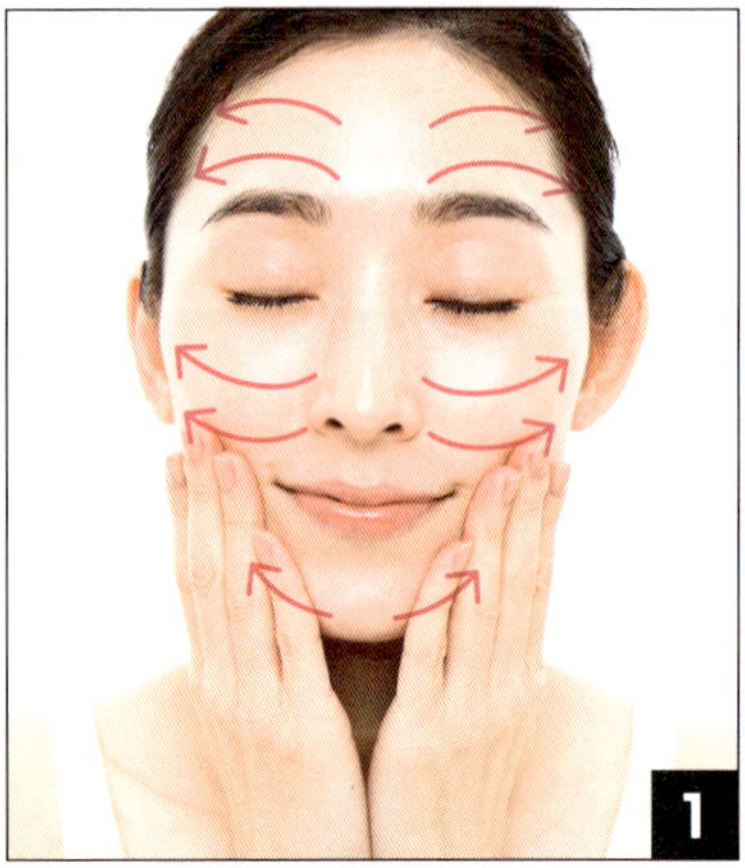

乳液やクリームなどを顔全体に指の腹で伸ばす

乳液やクリームを左右の手の指の腹で額、目尻、頬、口、あごの左右にポイントづけし、内側から外側へなでるように全体に伸ばす。

目尻は反対の手で押さえつつシワを伸ばすように塗る

片手を髪の生え際に当てて少し引き上げ、もう一方の手の指の腹で目尻のシワを伸ばすように下から上へと縦に塗る。反対側も同様に。

目尻から目元までアイロンがけ

片手で生え際を引き上げたまま、もう一方の手で目尻から目頭へ交互にすべらせて塗る。上まぶたも同様に塗る。左右とも行う。

眉間を押さえて塗り込む

片方の手を額の上部に当てて少し引き上げ、もう一方の手の指の腹で眉間に円を描くようにマッサージしながら塗る。反対側も同様に。

ほうれい線上も小さく円を描いて

ほうれい線は、両手で左右のほうれい線に沿って小さい円を描きながらシワをほぐすイメージでしっかりと乳液やクリームを入れ込む。

真上から眼球を押さえるようにしてほぐす

最後に目を閉じて両手で眼球を真上からじわっと優しく押さえる。まぶたに潤いを与えつつ、眼精疲労の解消にも効果的。

【おすすめ】化粧水&クリーム

超高保湿の乾燥小ジワを防ぐ栄養クリーム。メリッサボーテ リッチモイストクリーム50g ¥12100／サロン・ド・メリッサ

低刺激、高浸透、高保湿が叶う。メリッサボーテ リッチモイストケアローション120㎖ ¥6160／サロン・ド・メリッサ

TO **DO** LIST

#指センサー

目周りには実は角質が厚くなっているところあり

皮膚が薄くて繊細な目元にも、角質が肥厚してシワができやすい部分があります。左ページのAの場所です。まずは指センサーと目視で、目元の皮膚の状態を観察してみて。指センサーで縦横にそっとすべらせたとき、なめらかな柔らかさがあるかどうかをチェック。硬くゴワついていたら角質が肥厚しているということ。その部分は、キメが粗くなっていて化粧水の浸透も悪くなっています。強い紫外線を浴びた後は特に肥厚しやすくなります。**このような部分には、穏やかに角質を除去するクレイマスクや、ターンオーバーを促すレチノール配合の目元用コスメなどの使用がおすすめ。**また、日頃からクレンジングを丁寧にしておけば特別な角質除去コスメを使わなくても肥厚は予防できます。

逆に皮膚の薄さや過敏さを感じやすいBの部分は、角質ケアは避け、丁寧に保湿を。これらを心がけるだけで目元の老化は防げます。

HOW TO

目元の**指センサー**の使い方

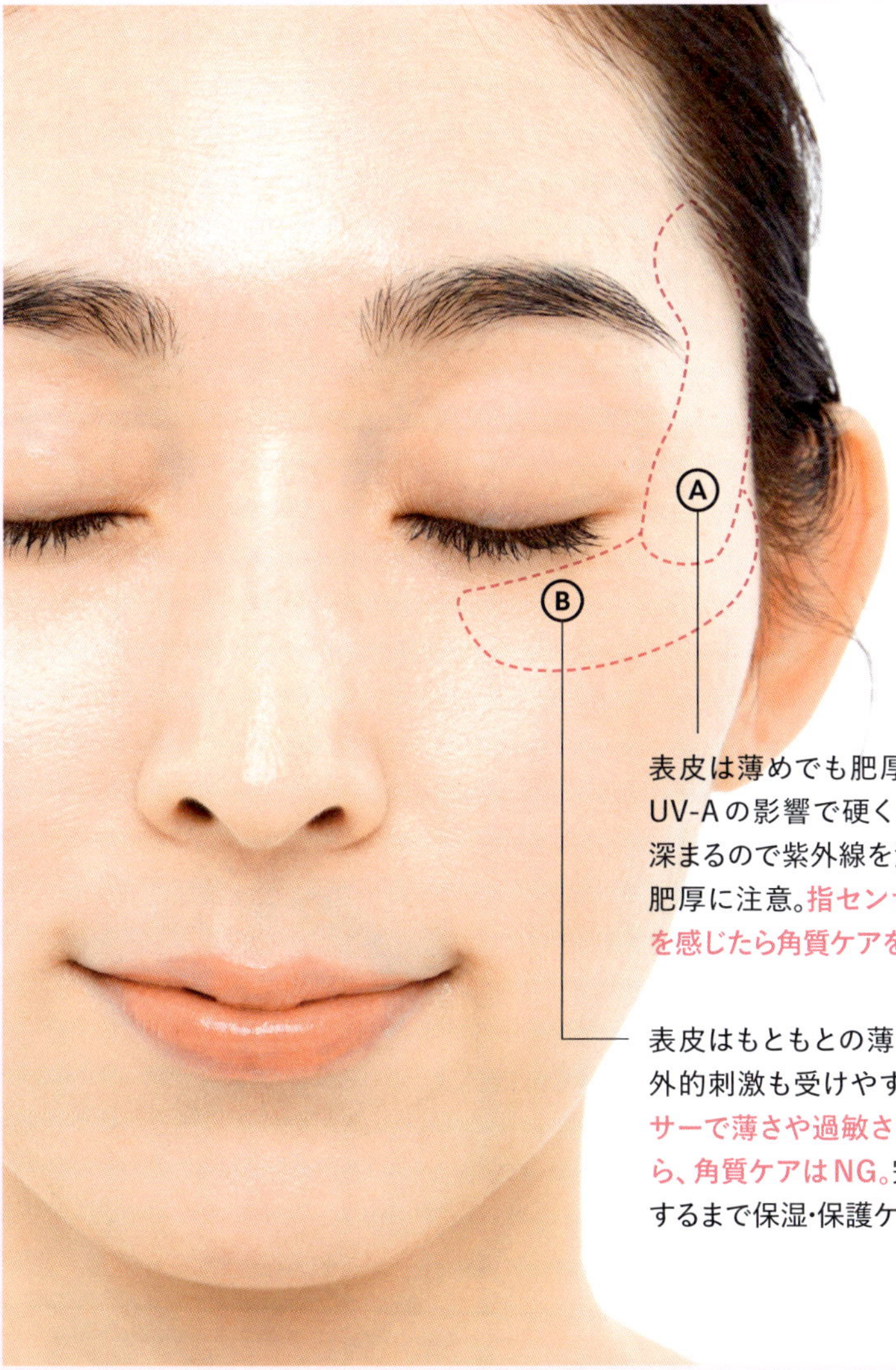

A 表皮は薄めでも肥厚する箇所。UV-Aの影響で硬くなりシワが深まるので紫外線を浴びた後の肥厚に注意。**指センサーで硬さを感じたら角質ケアを！**

B 表皮はもともとの薄さに加えて外的刺激も受けやすい。**指センサーで薄さや過敏さを確認したら、角質ケアはNG。**完全に安定するまで保湿・保護ケアに徹する。

NOT TO DO LIST

やめる

過度な角質ケア
［ターンオーバー促進信仰］

Basic Skin Care

肌老化を防ぐには、「肌のターンオーバーを促すことが大事」という説が広まり、ピーリング剤などを常用している人が多いようです。でも、本当に誰もがターンオーバーが悪くなり古い角質がたまっているのでしょうか？　私は長年、多くの方々の肌に触れてきましたが、決してそうは思いません。逆に角質を取りすぎて皮膚がとても薄くなっている方が多いのです。これは、市販のターンオーバーを促すコスメや角質ケアコスメ、強めのピーリング剤など、角質ケアをうたう化粧品がドラッグストアなどで手軽に買えるようになった影響もあると思います。特に心配なのが、ふき取りタイプのピーリング剤や角質を軟化させるブースターコスメを連用している人です。これらは使ったときに必ずしも刺激が強いわけではないので、角質が肥厚の程度に関わらず、〝美白したいから〟〝化粧品の浸透を高めたいから〟などという理由で毎日

【おすすめ】優しい角質ケアアイテム

PHA配合の洗顔フォーム。老化角質を除去し、ターンオーバーの正常化をサポート。エクスビアンス アクティブプラス・スキンウォッシュ 125㎖ ¥10460／リツビ

99％以上が天然由来成分の、肌に優しいハーバルクレイマスク。明るくなめらかな肌へ。メリッサボーテ ハーバルクレイマスク 110g ¥4180／サロン・ド・メリッサ

使っている人が多数。確かに古い角質を除去すると、皮膚がなめらかになりシワが目立ちにくくなる効果が期待できます。でも、過度な角質除去ケアは皮膚の※ホメオスタシスを乱し、皮膚トラブルの原因にも。特にハイドロキノンやレチノイン酸などが高濃度に配合された化粧品の常用はシミを悪化させる可能性大。ですから過剰な角質ケアは禁物。**50代からは角質肥厚部分には、穏やかに角質を除去するクレイマスクや、AHA（フルーツ酸）配合の洗顔フォームなどをたまに取り入れる程度で十分です。**また、レチノール配合コスメでも毎日使用可能と記載されているものならOK。「目や口の周りを避けてお使い下さい」という記載がある場合は、角質除去効果が高い可能性があるので、使う際には肌のチェックを欠かさず、連用は避けましょう。**50代からはあくまでも優しく適度な角質ケアを心がけて。**

※生物が体の状態や機能を一定に保とうとする働き

NOT TO DO LIST

やめる

顔面“ロコモティブ”で、たるむ
無意識の無表情

Trouble Care

リモートワーク化が進んだことの影響もあり、無意識のうちに無表情でいることが増えた人は多いと思いますが、これもやめたい習慣。顔の筋肉が運動不足になって筋力が衰え、たるみを加速させるからです。たとえばフランスパンや厚めのビーフを挟んだサンドイッチを、大きな口を開けて噛みちぎり、しっかり咀嚼《そしゃく》すると顔面骨と顔のいくつもの筋肉が使われけっこうな運動になります。でも無表情でいるとこれらの筋肉がまったく使われません。**固いパンや肉を食べただけで顔が疲れるという人は、顔面の運動不足、いわば「顔面ロコモ」**といえます。長く続いたマスク生活で、口をポカンと開けるクセや、口を大きく開けないクセがついた人も少なくないと思いますが、これも顔面ロコモを招きます。そこで始めたいのが「1分顔ほぐし&筋トレ」。顔の筋肉と連動する頭部や首の筋肉にもアプローチします。ぜひ習慣に。

はじめる

怠けがちな部位を動かす
1分顔ほぐし&筋トレ

#顔ほぐし　#顔筋トレ

次ページからご紹介するのが、「1分顔ほぐし&筋トレ」。顔の筋肉の動きをよくするには、まず顔とつながる頭皮や首周りの筋肉をほぐすことがポイントです。パソコン作業やスマホの見すぎなどによって首を前に出した猫背姿勢が続き、頭皮や首の筋肉がカチカチに固まっている人が多いですが、こんな状態では顔の筋肉の動きも悪くなるため、たるみの原因に。まずはほぐすことから始めましょう。また、**ものを噛むときに働く咬筋《こうきん》は、表層と深層の二層からなり、深部にあるのがコロノイド咬筋。この筋肉は硬いものを噛まなくなると動かしにくくなり、顔のたるみや顔幅の広がりを招くことも。**歯の食いしばりぐせがある人もこのあたりが固くなるのでよくほぐして。さらに胸や脇のリンパ節もほぐして詰まりを解消しましょう。これらを事前に行うことで顔が引き上がりやすくなります。

HOGUSHI 1 スッキリフェイスラインと首のシワにも 胸鎖乳突筋もみ

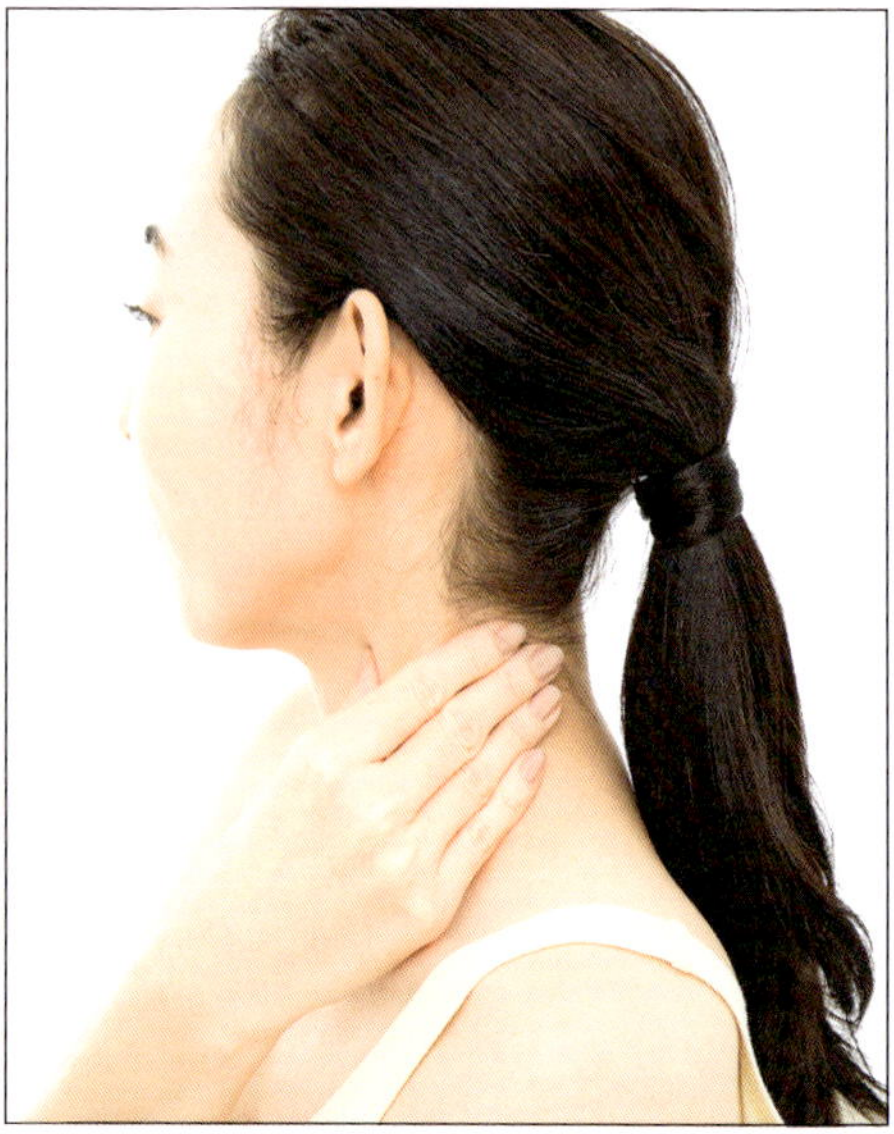

筋肉を上からつかんでもみほぐし

首の胸鎖乳突筋《きょうさにゅうとつきん》（首をひねったときに浮き出る耳の下～鎖骨に走る筋肉）を上からつかんでもみほぐす。次にその少し後ろの部分をつまんで斜角筋《しゃかくきん》もよくもみほぐす。左右とも行って。

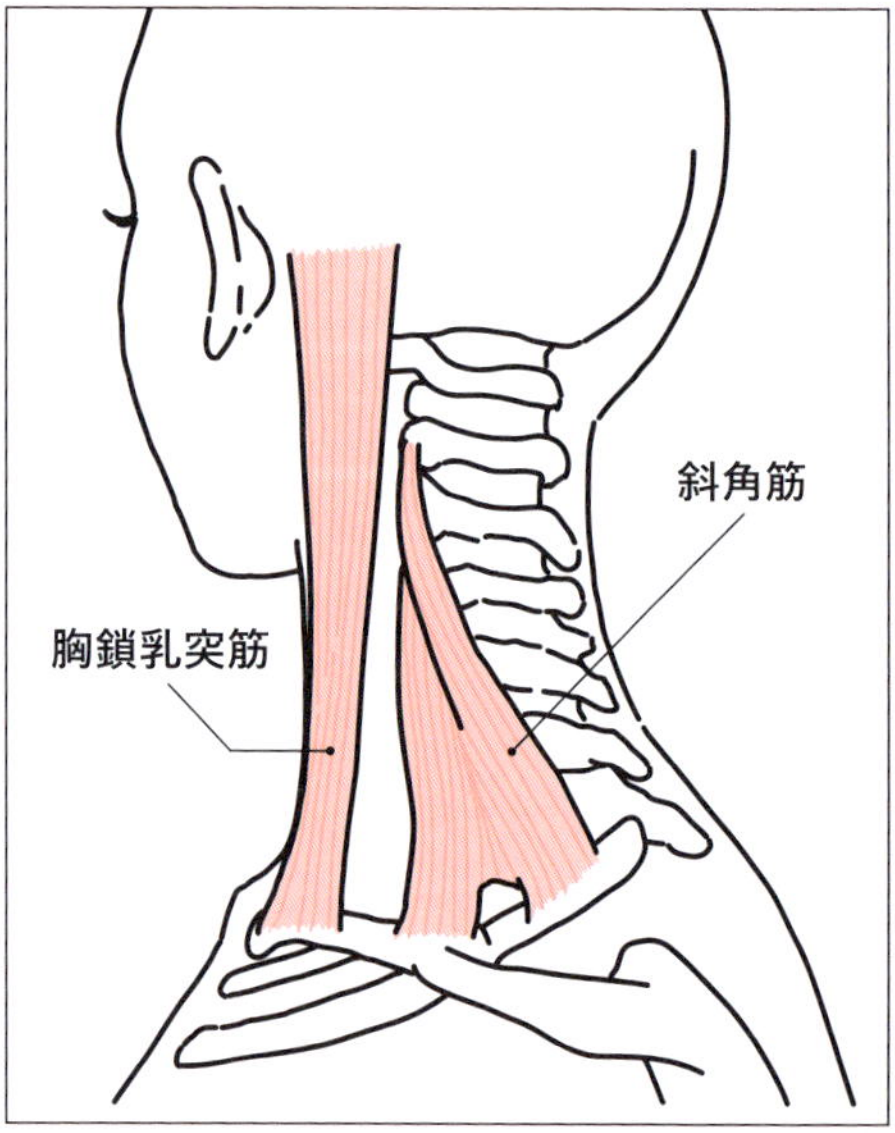

顔のたるみ、幅広には首の横・後ろの筋肉も関係

噛むときに使う咬筋に連携しているのが、首の胸鎖乳突筋とその下にある斜角筋。これらの筋肉のこわばりをなくし、柔軟性を持たせることで、たるみや二重あごの予防になるだけでなく、疲れも取れやすくなる。

HOGUSHI 2　あごや首たるみに 首の後ろほぐし

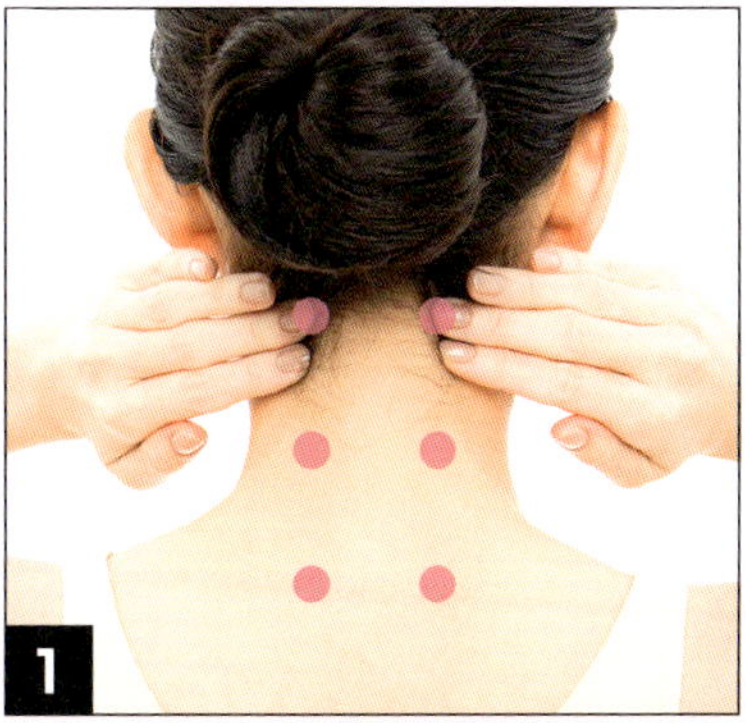

首の後ろの両脇の付け根のくぼみに指を当てる

両手の人差し指と中指の腹を首の後ろのくぼみに当て、強く押しながらほぐす。

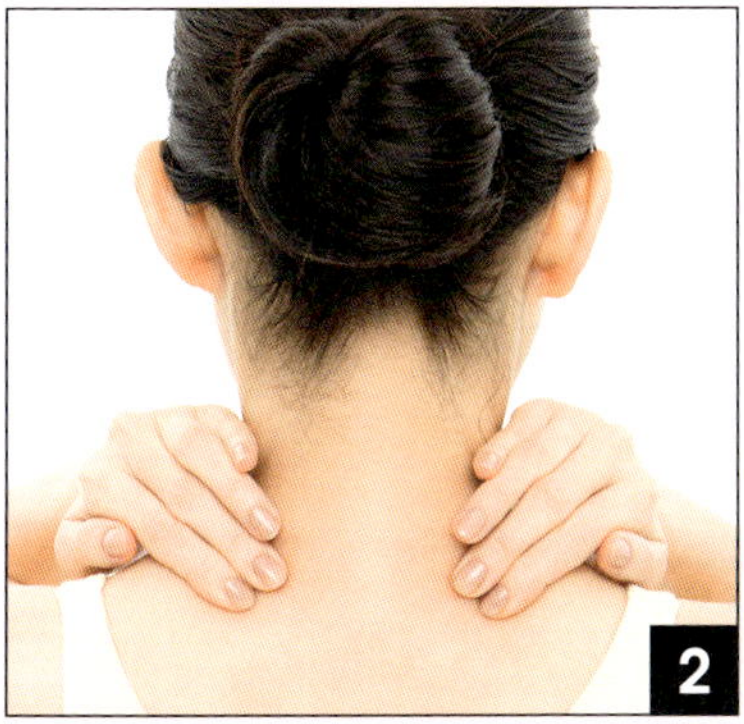

3本指でぐいぐいと押しながら下へ

首の骨の両脇に沿って指の位置を少しずつ下にずらし、肩までグイグイと強く押しほぐす。

HOGUSHI 3　顔とつながる頭皮から全体を上げる! 頭筋ほぐし

生え際から耳の横までほぐす

髪の生え際に両手の指の腹を当て、小さい円を描きながらほぐす。次に頭頂部や耳の横へと指を移動させながら全体をほぐす。

側頭&後頭部の筋肉をゆるめる

両手の指の第1関節を側頭部(耳の上あたり)に当て、圧をかけてほぐす。少しずつ位置を後ろに移動させて後頭部まで同様にほぐす。

HOGUSHI 4

ほうれい線やゴルゴラインに
ほうれい線ほぐし

小鼻横のほうれい線の
起点をほぐす

人差し指と中指の先を使って、小鼻と頬骨の間の溝をグイグイと円を描くように深めにほぐす。

終点の口角の横まで
円を描くようにほぐす

ほうれい線のラインに沿って少しずつ位置を下げていきながら、口角の横まで同様に小さな円を描くようにほぐしていく。

HOGUSHI 5

顔幅の広がりが気になるとき
えらほぐし

上下のあごのジョイントを
円を描きながらほぐす

左右のえらの上の上あごと下あごのジョイント部分に、中指と人差し指の腹を当て、グッと押し込みながら円を描くようにほぐす。

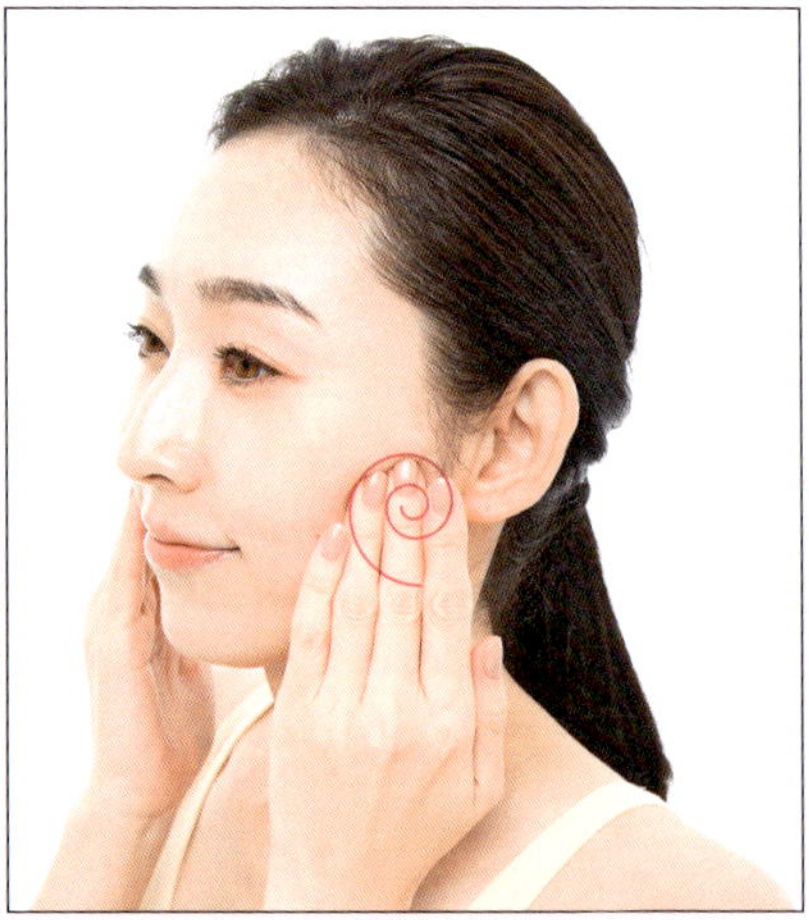

HOGUSHI 6

顔のむくみ、はれぼったさに 胸＆脇リンパ開放

胸のリンパを押し流す

胸筋の上部（脇の上あたりの硬くなっている部分）に人差し指、中指、薬指の腹を当て、よく押しほぐす。左右とも同様に。

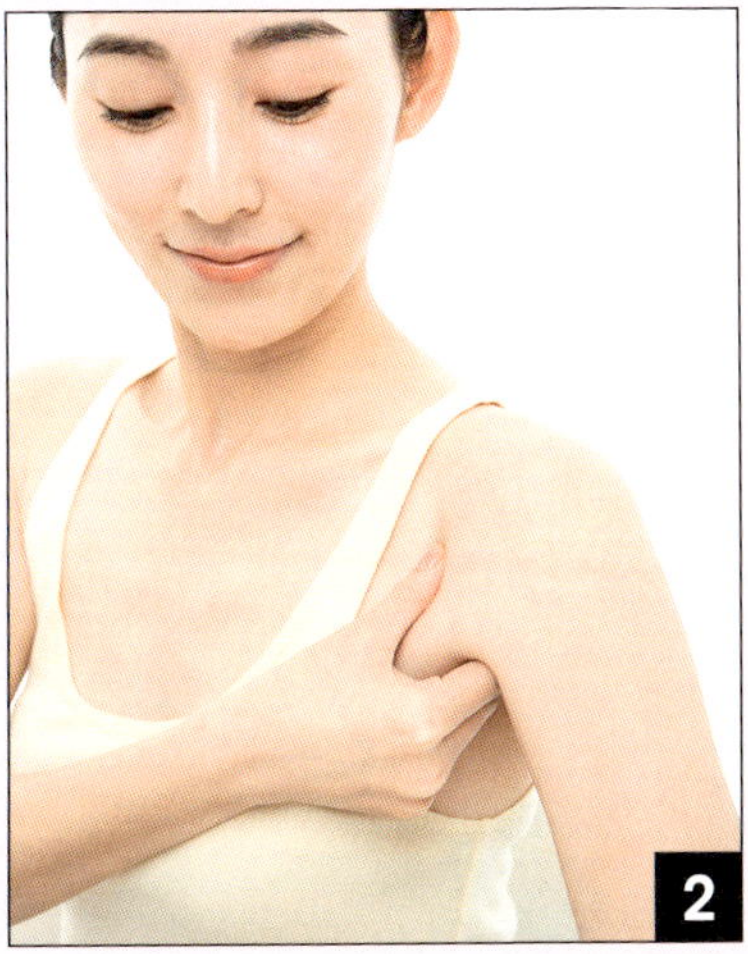

脇はつかんで押し流す

脇の下に親指以外の指を深く入れ込んで、グイグイッとつかんでもみほぐす。左右とも行って。

PLUS+1

【おすすめ】たるみオフに期待！ハンディタイプ美顔器

EMS、ラジオ波、LED、エレクトロポレーション等のモードでリフトアップ。ゾーガンキン ブルーム￥54780／サロン・ド・メリッサ

電気刺激のゾーガンキンEMSとパワフルな回転でヘッドスパの施術を再現。ゾーガンキン スカルプ￥12980／サロン・ド・メリッサ

TRAINING 1 ブルドッグ型の頬のたるみに あえいうエクサ

口を上下左右に広げて「あ」の口を

口を上下左右に大きく広げて「あ〜」と発音する。実際に声を出さなくてもOK。

奥歯で噛むように「え」の口を

1からできるだけゆっくりと奥歯で大きいものをしっかり噛むイメージで「え」の口に。奥歯は噛み合わせずに、1、2を繰り返す。

口を横に引くように「い」の口に

口を横に引くようにして「い」の口にする。このとき、上下の歯は合わせずに大きなものを噛むイメージで上下から力を入れる。

口を横に引くように「う」と言う

口を突き出して「う」の口にする。下あごを前に突き出すようにするのがポイント。この1〜4の動きを繰り返す。

TRAINING 2 ほうれい線とマリオネットラインに **舌回し**

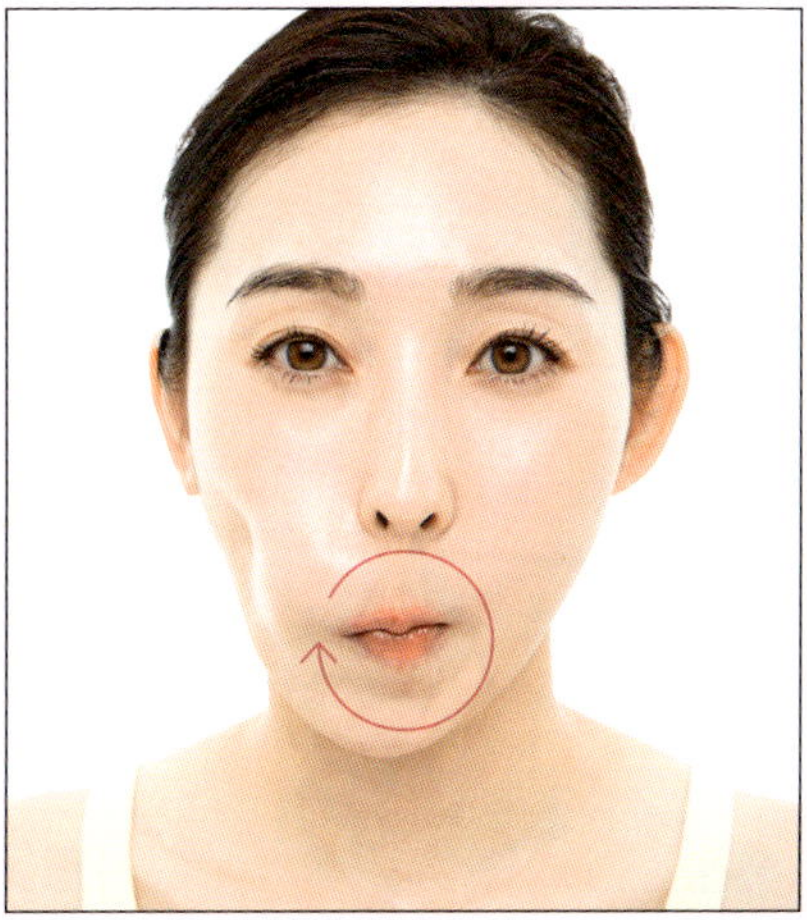

口の周りを舌で円を描くように回す

口を閉じたまま、舌で円を描くように回す。頬の内側を押すようにし、なるべく大きく回して。左回し右回し、各10回。

TRAINING 3 ぼやけフェイスライン、二重あごに **舌&あご天井上げ**

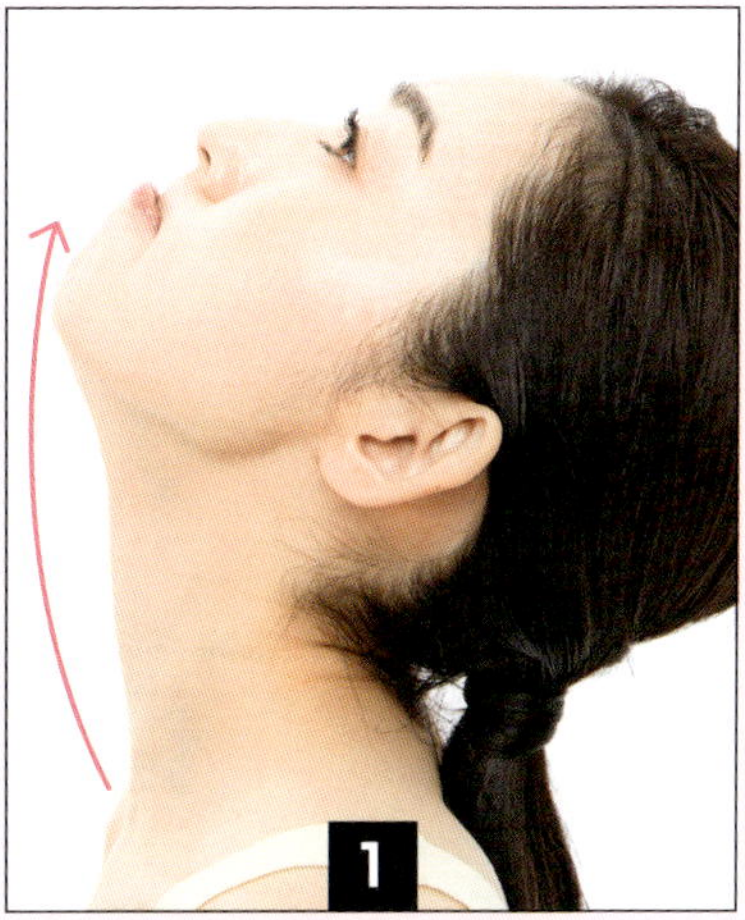

下唇を上唇のほうに引っ張り上げる

顔を天井に向けて、下唇を引き上げて上唇に深く重ね合わせるようにして、5〜8秒キープ。これを5回。

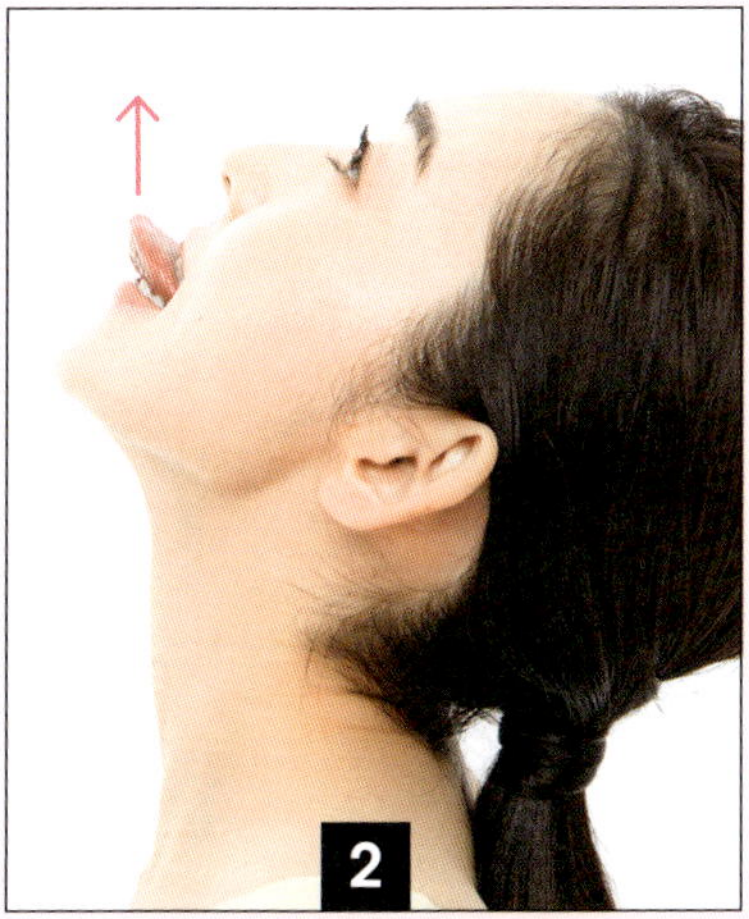

舌を天井のほうへ突き上げる

顔を天井に向けたままで、舌を出して舌先を天井に突き出すようにして、右から左へとゆっくり動かしながら伸ばす。

NOT TO DO LIST

やめる

顔の土台が崩れる「骨やせ」を引き起こす 朝食抜き

Trouble Care

加齢とともに頬のボリュームが減って顔がコケてくると、たるみもシワも目立ってきて一気に老け感が増し、疲れていなくても疲れた印象になってしまいます。この大きな原因となるのが顔面の「骨やせ」です。

特に女性は閉経後に女性ホルモンの分泌が著しく減ると骨量がガクンと減りますが、これは顔の骨も同じ。顔の中でも特に頬や口周りの老け感に影響を与えるのが下《か》顎骨《がくこつ》（下あごの骨）です。女性の下顎骨の厚みは50歳以降に薄くなり、閉経後の骨密度は明らかに低下していることを示した研究報告もあります。

たるみやシワが目立ってきたからと、糸リフトやヒアルロン酸注入などのような美容医療に頼る人も多いですが、土台の骨が痩せているので根本改善にはなりません。ですから、50歳からのたるみ対策には、美容医療より「骨活」のほうが大切なのです。

TO **DO** LIST

はじめる

たるみを招く「骨やせ」対策に、まずは「納豆卵ごはん」を

#骨やせ

ヒトの骨は何歳になっても育ちます。再構築に必要な栄養素（１３４ページ参照）を補いつつ、運動で骨に適度な刺激を与えれば一度やせた骨も丈夫になります。ただ、問題なのは、加齢とともに食が細くなって１日の食事量が減ってしまうことです。特によくないのが「朝食抜き」。朝は時間も食欲もないなどと朝食を抜く人がいますが、50歳からは絶対にＮＧ。顔面骨の再構築が間に合わず骨やせを招き、老け感が増します。朝食は抜かずにとるようにしましょう。おすすめの朝食メニューは、ごはんに納豆と卵をかけるだけの「納豆卵ごはん」です。忙しい朝でもパパッとつくることができ、タンパク質やカルシウム、ビタミンＤ、Ｋなど、骨に必要な栄養素をまとめてとることができます。美容医療の前に、まず朝の納豆卵ごはんを習慣にしましょう。

NOT TO DO LIST

やめる

重みでまぶたがたるむ!?
まつげエクステ

Trouble Care

目元のたるみも50代女性に多いお悩みのひとつです。加齢とともにまぶたがたるんできたため、目をパッチリ見せたいからとまつ毛エクステをする50代女性は少なくありませんが、実はこれがまぶたのたるみを加速させる隠れた原因に。まぶたの皮膚は薄くて軽いことで負担なくまばたきができています。でも、まつ毛エクステをすると、まぶたの開閉に耐え得る重さを超えてしまい、ただでさえ衰えてきている目の周りの眼輪筋に負荷を与え続けてしまいます。また、まつ毛エクステは自まつ毛を傷めるので、生え際を丁寧に保湿する必要がありますが、油性成分を使うとエクステが抜け落ちやすいことから十分な保湿がしにくくなりまぶたの張りがなくなります。これらの理由でまぶたのたるみが進むのです。**50代からは目をパッチリ見せるなら、まつ毛エクステより自まつ毛の「まつ育」に励みましょう。**

はじめる

スキンケアの延長に まぶた&まつ毛ケア

まぶたは皮膚が薄く繊細な部分。十分に保湿をしないと乾燥もたるみも招きます。スキンケアの際にまぶた&まつ毛もケアを。

【おすすめ】

まつ育にも役立つ美容液

細胞間の伝達物質として知られるエクソソームをベースに、ナノリポソーム化したヒト幹細胞培養液を高濃度で配合。メリッサボーテ SEリッチセラム ¥9680/サロン・ド・メリッサ

HOW TO

1

まぶたを乾燥させない

まぶたの皮膚は0.1㎜もないほどと非常に薄いうえ、皮脂分泌がないため乾燥やたるみが進みやすい部分。乾燥するとシワも増えるので化粧水やクリームなどで丁寧に保湿し、ふっくらと保ちましょう。

2

まつ毛の生え際にも美容液やアイクリームを

まつ毛がやせ細ってくる50歳からは、アイクリームを塗る際、まつ毛の生え際にもつけて、まつ毛にも栄養を補給しましょう。まつ毛専用美容液を使わなくても、まつ毛のやせ細りを予防できます。

50代からはアイシャドウ・アイライナーの選び方も変える

普段使っているアイメイクコスメが、目元の老化を進めてしまっていることがあるのでご用心。まず、硬めのペンシルタイプのアイライナーは、アイラインを引くときに皮膚にかかる刺激が強く、繰り返すと次第に皮膚が伸びやすくなって、まぶたたるみの原因に。50代からは、皮膚刺激の少ないソフトなタイプのアイライナーで優しくつけるのがおすすめ。硬いチップやブラシも避け、柔らかく高品質のブラシか指の腹で塗って、**まぶたにはいっさい刺激を与えない**ようにしましょう。

また、アイシャドウにも要注意。ラメの多いものや、粒子の粗いシャドウは、乾燥しやすく小ジワが目立ちやすいので、おすすめしません。**アイメイクをすると乾燥するという人は、ミネラル成分が主体のものを選びましょう。**ちなみに私が普段使っているのは左ページのアイライナーやアイシャドウです。選ぶときの参考に。

#ソフトタイプペンシルライナー　**#ミネラルシャドウ**

【おすすめ】
まぶたの負担軽減アイライナーは超ソフトタイプペンシルかパウダー

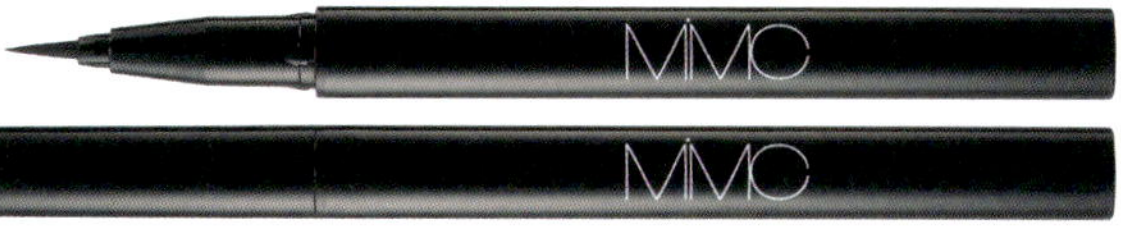

竹炭※配合処方のミネラルアイライナー。天然色素なので色素沈着しにくい。にじみにくいのにお湯でオフできる。ミネラルチャコールアイライナー￥3850／MIMC

※竹炭は炭（着色剤）

柔らかいペンシルでストレスなくするする描ける。100%天然由来成分。石鹸でオフ可能。アイライナーペンシル￥3080／ナチュラグラッセ

アイシャドウはミネラル系をセレクト

天然ミネラルのみの原料を配合。ラメが微粒で控えめ。シリコンフリーで石鹸で落とすことができる。 カラーアイズ 03￥4290／ナチュラグラッセ

自然由来成分95%。球状の微粒子が肌への摩擦を減らしなめらかに伸びる。ミネラリスト アイシャドウ パレット ウルトラ ナチュラル￥5720／ベアミネラル

NOT TO DO LIST

やめる

眼精疲労が目の老化につながる!?
スマホ・タブレットの見すぎ

Trouble Care

目のたるみの原因となるのが、目をぐるりと取り囲む眼輪筋や、上まぶたの開閉を担う眼瞼挙筋《がんけんきょきん》の衰えです。スマホやパソコンを集中して見続けているとまばたきの回数が減るので、これらの筋肉が運動不足になり、衰えやすくなります。スマホの見すぎや寝不足などで目を酷使すると、これらの筋肉が緊張し、血流やリンパの流れが悪くなり、これも目のたるみを招く要因です。

また、もうひとつ、目のたるみへの影響が大きいのが、眼球が収まっている眼のフレームである眼窩孔《がんかこう》です。加齢とともに眼窩孔は、広がったり、下ったりしやすくなるためまぶたが落ちくぼみ、これも老け感が増す要因に。

予防・改善するには、目の周りの筋肉の緊張をほぐしつつ、動かして刺激することです。また、眼窩孔の周りの血流やリンパ流を促すこともたるみ予防の鍵。次ページからのマッサージや目の奥の筋肉のリリースで改善を。

はじめる

目の若さを取り戻す!
目周りの筋層&リンパケア

目の周りの眼輪筋や副鼻腔などをほぐしてから、眼輪筋のトレーニングをすることで効果的にまぶたのたるみを改善。

EYECARE 1

目がパッチリ開く
眼輪筋ほぐし

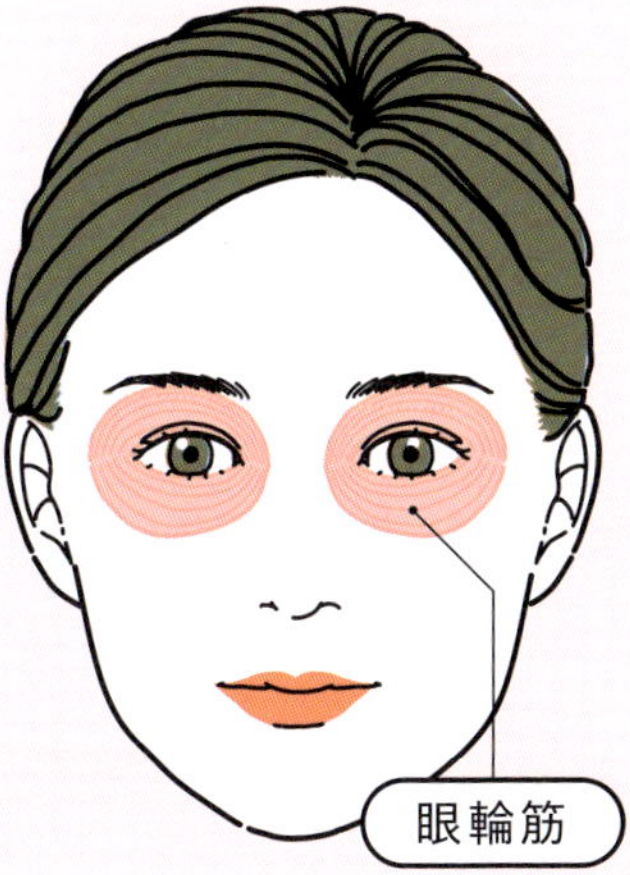

目の周囲を取り囲む筋肉をほぐす

片手で額を押さえ、反対側の手の指の腹を眉下に当て、小さい円を描くようにほぐす。眉頭から眉尻まで行う。次に目の下の骨に沿って中心〜外側へ同様にほぐす。左右とも行う。

HOW TO

EYECARE 2

目の下のたるみ、ゴルゴラインに 副鼻腔上ほぐし

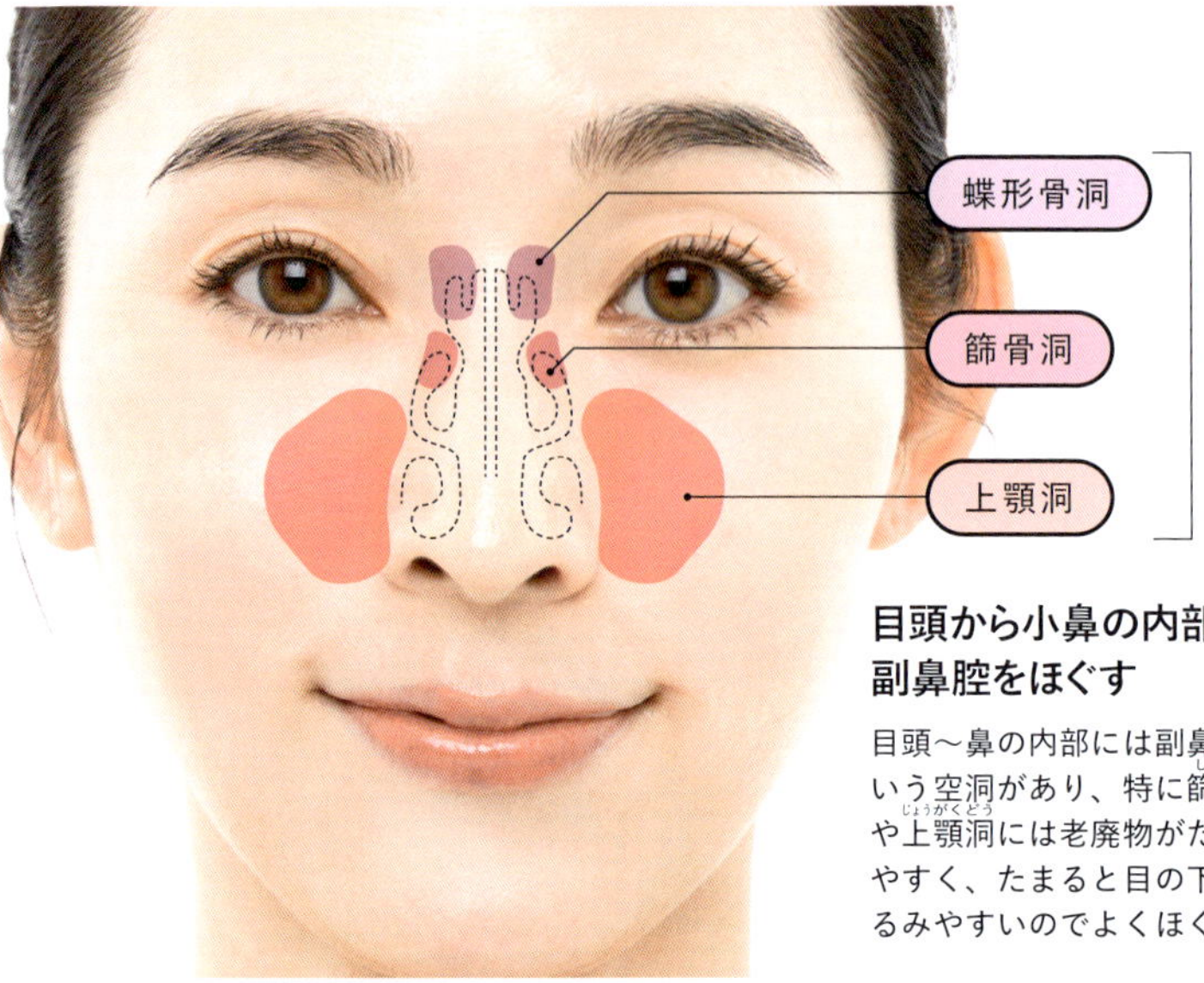

目頭から小鼻の内部の副鼻腔をほぐす

目頭〜鼻の内部には副鼻腔という空洞があり、特に篩骨洞《しこつどう》や上顎洞《じょうがくどう》には老廃物がたまりやすく、たまると目の下がたるみやすいのでよくほぐして。

眉頭真下のくぼみを小さく円を描くようにもむ

片方の眉頭の真下のくぼみに中指の腹を当て、小さな円を描きながら優しくほぐす。反対側も同様に。

小鼻の横を中指と人差し指でほぐす

次に、片方の鼻筋の脇（上顎洞のあたり）に中指の腹を当て、小さな円を描きながらやや深めにじっくりとほぐす。反対側も同様に。

EYECARE 3

目周りの筋緊張をやわらげる
目の奥リリース

**髪の生え際を押さえて
引っ張り上げる**

左右の髪の生え際を両手で押さえて、少し外側に引っ張り、眉間にシワを寄せずに、目の奥にギューッと力を入れて目を閉じる。

目の力だけでゆっくり見開く

額を絶対に動かさないように気をつけて、ゆっくりとまぶたを上げて目をめいっぱい大きく開く。この1、2を5回繰り返す。

EYECARE 4

目の下の小さい筋肉を動かす
下まぶた上げ

**額にシワを寄せずに
下まぶたを引き上げる**

左右の髪の生え際を両手で押さえて少し外側に引っ張ったまま下まぶたを上に引き上げる。このときも額や眉間にシワを寄せずに行って。これを5回。

+α #大人のクマ対策

大人のクマは、血液&リンパの流れの促進と鉄分補給で解決

目元のトラブルでたるみに次いで多い悩みがクマです。クマは、原因によって青グマ、茶グマ、黒グマに分かれますが（左ページ参照）、どのタイプでも目周りの血流やリンパの流れを促すことが改善のポイントです。目の周りには毛細血管が張り巡らされていますが、眼輪筋の衰えや寝不足、スマホの見すぎなどによって血流やリンパの流れは悪くなりがち。するとどのタイプのクマも目立ってしまうのです。血流をよくするためには、目をホットタオルなどで温めるほか、53〜55ページの方法も効果的です。

　また、鉄分不足にも要注意。鉄分が不足すると目周りの組織が酸欠を起こし、代謝も血色も悪くなり、どのタイプのクマも目立ってしまいます。特にベジタリアンで赤身肉をとっていない人は鉄分が不足しやすくなります。鉄分が多い食品（83ページ参照）を意識してとりましょう。

【クマの種類別対策＋α】

青グマ

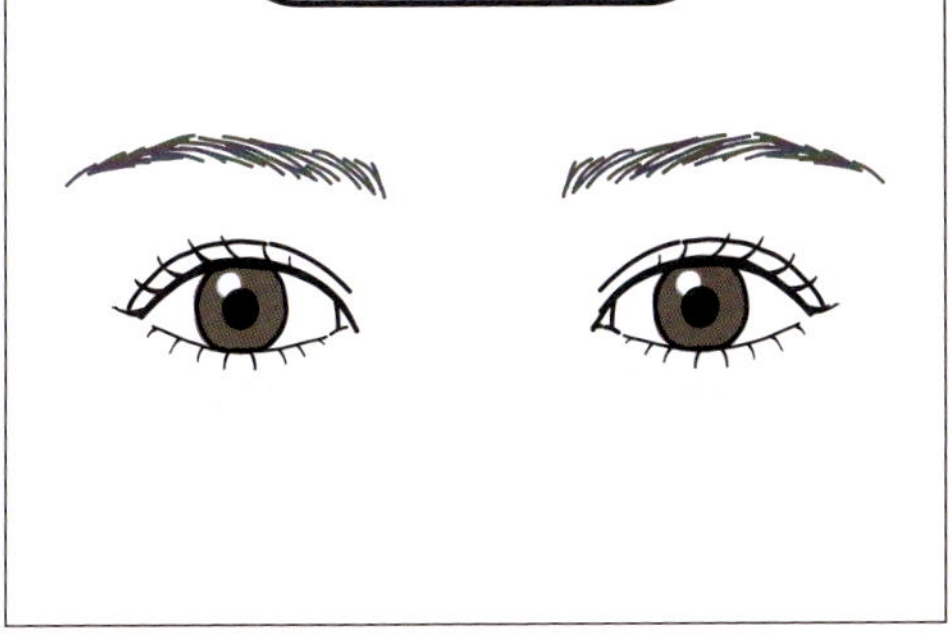

血流とリンパの流れを促すことが改善の鍵

下まぶたに血管の青さが出ているのが青グマ。目周りの血流やリンパの流れの滞りが原因。目の温めや、P53～55の方法、目の周りのツボ押しなどで改善しやすくなります。

茶グマ

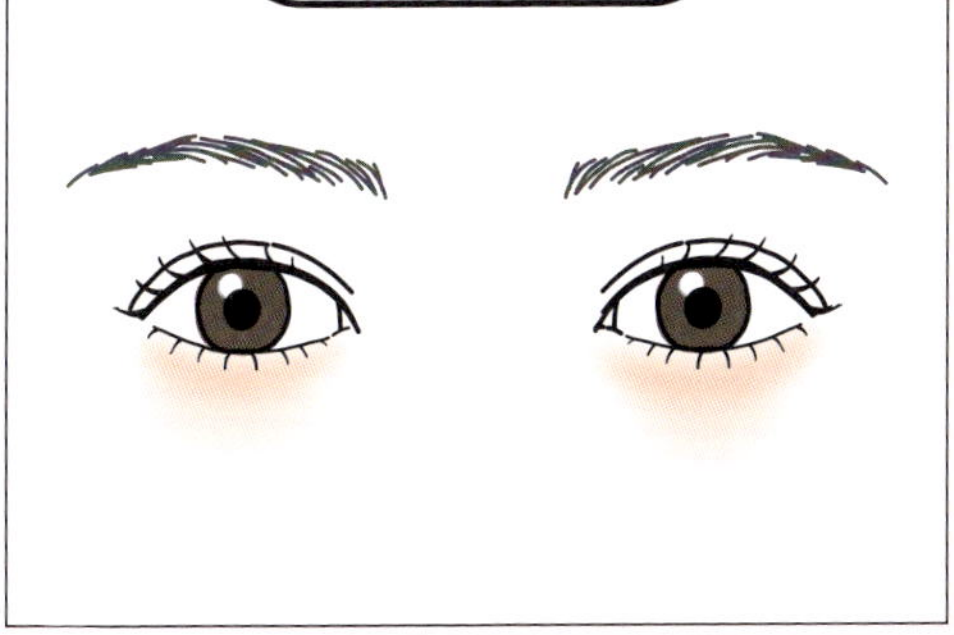

紫外線とアイメイクの残留に要注意

まぶた周り全体が茶色くくすむ茶グマ。紫外線によるメラニン色素の増加や、アイメイクの落とし残しの蓄積や色素沈着などが原因。紫外線対策と、アイメイクのクレンジングを丁寧にして予防を。高濃度ビタミンC配合美容液なども効果的。

黒グマ

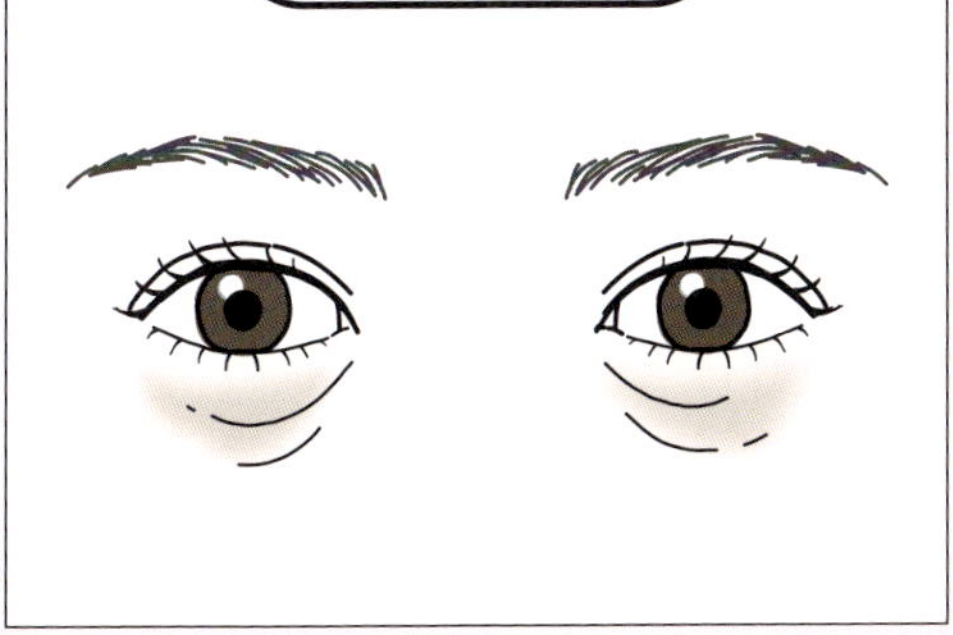

鉄分、カルシウム、タンパク質の補給を

まぶたの皮膚がたるみ、ふくらんだようになり影をつくる黒グマ。目の下の脂肪の減少や、P46～47で述べた骨やせが背景にあることが多い。鉄分やカルシウム、タンパク質が不足しないようインナーケアを心がけて改善を。

NOT TO DO LIST

やめる

汗だく運動、ストレス過多など
酸化による細胞ダメージを生む生活習慣

Trouble Care

シミは、できてしまってから慌ててケアする人が圧倒的に多く、レーザー治療をしてもシミが再発してしまい悩んでいる人も少なくありません。これは、一度できたシミを薄くするのはそう簡単ではないということ。シミ対策に最も大切なのは、まだ表面化していない深層に潜むシミ予備軍に対してのケアです。一度シミが表面化してきても、いかに沈着させないかが勝負なのです。そのために知っておきたいのが、**シミの最大の原因、「酸化ストレス」**について。私たちが呼吸で取り込んだ酸素の一部は体内で活性酸素になります。本来、体には活性酸素の増加を防ぐ抗酸化作用が備わっていますが、その作用を上回るほど活性酸素が増えると酸化が進み細胞や組織にダメージを与えます。これが酸化ストレスです。紫外線を浴びるとシミが増えるのも酸化ストレスによるもの。つまり**シミを防ぐには酸化を招く生活習慣の改善が必要**なのです。

要注意！ シミ増加注意の生活環境5

STOP! 1 ベジタリアン＝鉄分不足

シミが増える隠れた原因が鉄不足。鉄と深く関わるカタラーゼという酵素には抗酸化作用があり、紫外線による活性酸素の害から肌を守ってくれます。でも鉄が不足するとカタラーゼが十分につくられず活性酸素のダメージを受けシミが増えやすくなります。閉経後の女性は経血による鉄の流失がなくなったからと鉄の摂取を怠りがちですが、閉経後も鉄は不足しやすいので要注意。特に肉や魚など動物性食品には体への吸収率が高いヘム鉄が豊富で、ベジタリアンだとヘム鉄が不足するのでNG。肉や魚にはシミを防ぐアミノ酸のL-システインの原料になるメチオニンも多く、ベジタリアンだとこれらも不足し、さらにシミが増えることに。

STOP! 2 屋外で汗だくになるハードな運動

ハードな運動も実はシミを増やす原因になります。特にそのリスクが高いのが、ランニングやテニスのような屋外で行う息が上がる運動です。屋外では紫外線を浴びるうえ、ハアハアと息が上がる活動量の多い運動はより多くの酸素やエネルギーを必要とするため、酸化ストレスを増大させます。また、汗をかくと鉄が流失してしまい、抗酸化酵素のカタラーゼの量が減り、活性酸素によるダメージからますますシミができやすくなってしまいます。健康やストレス発散のために運動を習慣づけるのはよいことですが、運動をしていたらシミが悪化したという人は、運動の量や強度、場所の見直しを。運動した日はヘム鉄補給も忘れずに。

STOP! 3 精神的ストレス、睡眠不足

精神的ストレスがかかったり、睡眠不足になると、ストレスに対抗するホルモンを分泌する副腎が疲労します。すると副腎に蓄えられているビタミンCが大量に消費されてしまい、抗酸化に使われる分が不足し、シミが増えやすくなります。

STOP! 4 過度な飲酒、たばこ

飲酒もたばこも体内で活性酸素を生み出す大きな原因です。過度に飲酒をしたり、喫煙の習慣があると、活性酸素が増えるため体内の抗酸化物質も消耗されてしまい、結果的にシミができやすくなってしまいます。

STOP! 5 強い紫外線、大きなケガ、大気汚染の多い場所など 外的要因

紫外線は活性酸素を増やす要因。また、大きなケガや病気などの肉体的ストレスも活性酸素を増やすうえ、修復しようとするときに体内の抗酸化物質を消耗。大気汚染や放射線などの外的刺激も同様です。その結果、酸化ストレスでシミが増えてしまいます。

はじめる

抗酸化成分をしっかりとる&肌代謝を上げてシミを遠ざける

肌代謝が活発に機能していないと、深層に潜むシミの予備軍たちが皮膚の表面に出てきたときに、正常に代謝されず、まるでその席をゆずらないかのように沈着してしまいます。普段から、過度にターンオーバーを促すケアをしていたり、レーザー治療を繰り返していたりすると、紫外線に対する抵抗力が弱まり、さらに保湿不足だと皮膚の代謝力が落ちてしまい、シミを沈着させてしまうことに。肌代謝を落とさないためには、日頃から指センサーを生かしたスキンケアを心がけましょう。

そしてなんといっても大事なのはインナーケアで、抗酸化成分をしっかりとることです。抗酸化成分は、常に発生してくる活性酸素の勢いを弱め、見えないところで、その害から細胞を守る働きをしてくれます。抗酸化成分は基本的には食品からとるのが理想的ですが、補いきれない分は、サプリメントもうまく利用して取り入れて。

【おすすめ】

抗酸化成分補強サプリメント

アルファリポ酸
ビタミンC
グルタチオン
L-システイン
コエンザイムQ10
トコトリエノール

上記は、食品からはわずかしかとれないのでサプリメントも利用してとるとよい抗酸化成分。詳しくは、アルファリポ酸はP80～81、ビタミンCはP76～77、グルタチオンはP84～85、コエンザイムQ10はP80～81、トコトリエノールはP78～79を参考に。また、L-システインはメラニンの生成を抑え、シミ・そばかすを防ぐ作用があるアミノ酸の一種。肉や魚介類、にんにく、玉ねぎなどに含まれますが、ごく少量しかとれません。体内ではメチオニンというアミノ酸からつくり出されるので、メチオニンが豊富な肉や魚介類など動物性食品をとることでも補給できます。

【おすすめ】

抗酸化成分の多い食材

ブロッコリースプラウト
トマト
にんじん
ほうれん草
パプリカ
アボカド
ブルーベリー
さけ
緑茶
しょうが・にんにく

野菜や果物に多く含まれる抗酸化成分の代表がβ-カロテンやビタミンC・E。上記の食材は特にこれらの栄養素が豊富。そのほか、ブロッコリースプラウトには「スルフォラファン」、トマトには「リコピン」、ブルーベリーには「アントシアニン」、さけには「アスタキサンチン」、緑茶には「カテキン」などといった強力な抗酸化成分も含まれます。旬のものを選ぶと栄養価がより高くおすすめ。また、抗酸化成分の多くは電子レンジ調理や、高温での加熱により変性や減少するという研究報告があります。抗酸化成分をとりたい場合は、過度の加熱は避けましょう。

COLUMN 1

私が50歳から強化した抗酸化サプリメント対策

対策 1

ビタミンC 3000mg + **アルファリポ酸** 120mg/日

対策 2

ビタミンE（d-αトコフェロール）
総トコフェロール量 270mg/日
+
トコトリエノール（4種混合）
総トコトリエノール量 160mg/日

対策 3

グルタチオン 30〜60mg/日
（ゴルフラウンド日の前後合わせて30〜180mg）

私が50歳からサプリメントで強化したのが上記の抗酸化成分。ビタミンCは水溶性で尿などとともに排出されやすく、朝とっても昼には血中濃度が下がってしまうので、ビタミンCのリサイクル作用をもつアルファリポ酸とともに1日3000mgを2〜3回に分けてとっています。

さらに天然型ビタミンEもプラス。天然型ビタミンEにはトコフェロールとトコトリエノールがあり、それぞれにα、β、γ、δの4種、全8種類があります。私はこの8種類がまとめてとれるサプリをとっています。またゴルフをする日のシミ対策としてグルタチオン（アミノ酸の一種）を30〜60mgを足しています。解毒作用もあるのでお酒を飲む日にもとっています。シミができないのは、これらの抗酸化成分のおかげだと思います。

TO **DO** LIST

はじめる

シミができやすい場所を見逃さず UV対策を強化

#UV対策

シミ予防に何より重要なのは、やはりＵＶ（紫外線）対策。肝斑《かんぱん》も紫外線によって濃くなるので徹底的な対策が必要です。左ページで示したのは特にシミや肝斑ができやすい部分。これらの部分には特にしっかりＵＶカットコスメを塗りましょう。紫外線を反射する力はリキッドよりパウダーのほうが強いので、リキッドタイプのファンデーションや下地だけでなく、パウダーも塗り重ねるのがおすすめ。私はゴルフをするときは必ずＵＶカット効果のあるＢＢクリームに、ＵＶカット効果のあるパウダーを重ね付けし、休憩中にその２つを塗り重ねます。厚塗りになりますが、紫外線から肌を守ることを優先する場合には、多少厚塗りになるくらいでよいのです。肌への負担が少ない紫外線吸収剤不使用のＵＶカットコスメを選ぶのもポイントです。また、帽子や日傘やサングラスなど物理的保護もマストです。

シミや肝斑ができやすい場所を知る

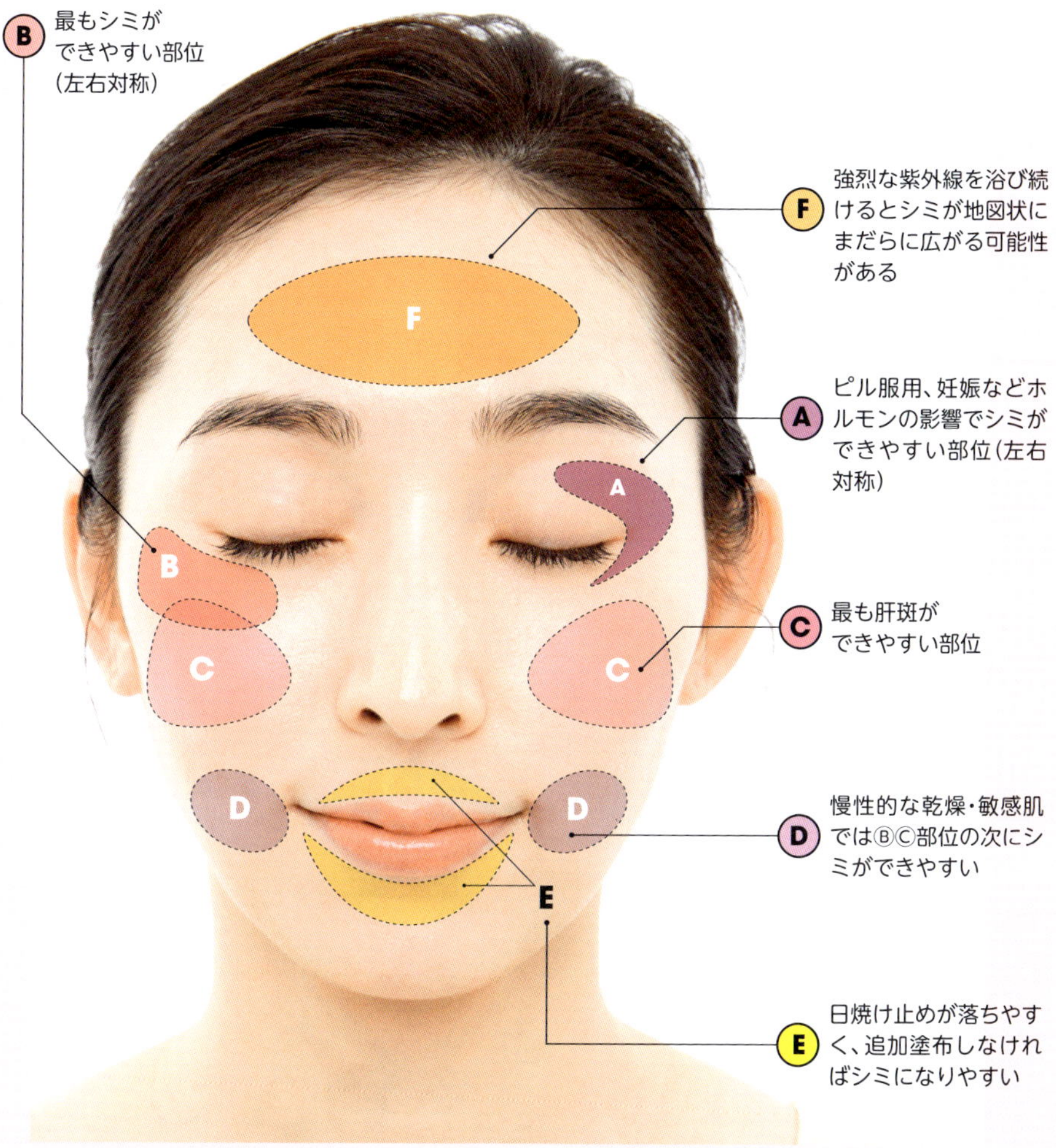
B 最もシミができやすい部位（左右対称）
F 強烈な紫外線を浴び続けるとシミが地図状にまだらに広がる可能性がある
A ピル服用、妊娠などホルモンの影響でシミができやすい部位（左右対称）
C 最も肝斑ができやすい部位
D 慢性的な乾燥・敏感肌ではⒷⒸ部位の次にシミができやすい
E 日焼け止めが落ちやすく、追加塗布しなければシミになりやすい
F
A
B
C
C
D
D
E

上記のエリアは特に！
徹底紫外線ブロック
＆紫外線を浴びたら
水分保持ケアを

シミや肝斑ができやすい部分には、UVカット効果のある下地などのリキッドタイプのものだけでなく、パウダーも塗り重ねると◎。汗で落ちやすいのでこまめに塗り直しましょう。また、紫外線をたくさん浴びた日は一時的にシミが目立ちやすくなりますが、慌ててピーリングなど保護膜をはがすケアをすると皮膚のホメオスタシスを狂わせ、逆にシミや肝斑を増やすのでNG。十分な保湿とインナーケアで肌の土台力を高めて。

NOT TO DO LIST

やめる

シミには逆効果!?
頻繁な美容レーザー

Trouble Care

肝斑は、頬や額、口の周辺などに左右対称にできる薄茶色のシミの一種です。ストレスやホルモンバランスなどに一因があるとされていますが、発生の原因ははっきりとわかっていません。

肝斑はシミと見分けにくいのが難点。シミの中には、肝斑のように左右対称にできるものがあったり、肝斑とシミが混在しているケースも多いので、皮膚科の専門医でも判断が難しいといわれています。皮膚科や美容皮膚科などでは、レーザーでの肝斑治療を行っているところも多いですが、レーザー照射は肝斑の悪化や再発を招くこともあるといわれているので注意が必要です。レーザー治療を考えている人は、シミと肝斑との見極めをしっかりして適切な医療を提案できる経験豊富な医師のいるクリニックに相談し、リスクについても十分に説明を聞いてから判断しましょう。

また、肝斑の治療はトラネキサム酸の内服も一般的。トラネキサム酸は市販の肝斑治療薬にも配合されているのでとっている方も多いと思います。ただ、トラネキサム酸には血を固める止血作用があり、血栓がある人や血栓症を起こす恐れがある人は慎重に投与するよう注意喚起されている薬。トラネキサム酸が配合された市販薬の場合でも、55歳以上の人は医師または薬剤師に相談するよう注意が記載されています。50代以上は血栓ができやすくなる年代なので、トラネキサム酸を安易に飲み続けるのは危険です。私の長年の経験では、肝斑は、ビタミンCやアルファリポ酸、グルタチオンなどの抗酸化成分をとることで薄くなっていく例も多く見てきました。また、肝斑はホルモンの活動が低下する50歳以降になると自然に引いていく方も少なくないので、あまり焦らずに様子をみることもよいでしょう。

NOT TO DO LIST

やめる

肌や髪の材料、タンパク質が不足する ベジタリアン

Nutrition for Beauty

肌や髪、体の老化が進む根本原因は、タンパク質の減少や劣化にあります。内臓や脳、神経、ホルモンにいたるまで体のすべては常にタンパク質をつくり替えて毎日生まれ変わっています。タンパク質が十分に供給されていないと、細胞は正常に代謝できず、肌の弾力不足や、たるみの原因となる顔面の骨やせなどが起きてしまいます。

それにもかかわらず、偏った食生活によって、タンパク質が十分にとれていない人が多いようです。実は要注意なのがベジタリアンや玄米菜食の人です。確かに大豆製品や玄米からもタンパク質はとれますが、タンパク質はただとるだけではなく、いかに消化吸収できるかが肝心。タンパク質は、小腸でアミノ酸に分解されて初めて体に吸収され、このとき、20種類のアミノ酸が揃っていてこそ体への吸収率が上がります。ところが、大豆や穀物などの植物性食品には、リジンやメチオニンなど一部

要注意！

タンパク質吸収力低下チェック

- □ 朝食前から胃が重いと感じる
- □ 食後に下痢または軟便になりやすい
- □ お腹が張る、ガス腹だ
- □ 少し食べただけでお腹がいっぱいになる
- □ 精神的なストレスが多い

のアミノ酸が含まれていないため、アミノ酸バランスがよい肉や魚や卵などの動物性食品に比べると体へのタンパク質の吸収率が低め。ですからベジタリアンや玄米菜食だとタンパク質不足に陥りやすいのです。大豆や玄米はとりすぎると胃腸に負担をかける場合もあるので、胃腸が弱い人が無理にたくさん食べるのもおすすめできません。

また、タンパク質は「不足」だけでなく、「劣化」も老化を進める大きな要因です。劣化とは、体内で起こるタンパク質のサビつき＝「酸化」と、コゲつき＝「糖化」です。酸化ストレスが加わるとタンパク質がダメージを受けて劣化し、シミやシワを増やします。また、糖化（72〜75ページ）はコラーゲンを劣化・減少させ、たるみやシワの原因に。つまり、老化を少しでも遅らせるには、タンパク質の不足と劣化を防ぐことが欠かせないのです。

TO **DO** LIST

はじめる

50代からの肌には賢い "タン(パク)活"

#タン活

体で毎日、毎秒使われ続け、とり貯めできないのがタンパク質。だからこそタンパク質をしっかりとる「タン活」を心がけましょう。その必要量は、厚生労働省が示す年齢別や体重に合わせた指標があり、一般的に1日のタンパク質摂取目安量は体重1kgあたり1～1.5gといわれています。しかし実際は、活動量や心身のストレス度合、飲酒の有無、食事嗜好、病気や炎症の有無などによって必要量に個人差があります。それを踏まえると、**50代女性で体重50kgの人なら1日55～80g必要**。ただ、いきなり増やすと消化不良でお腹が張ってしまうこともあるので、まず1日平均60g（1食20g）を目標にとりましょう。

摂取したタンパク質がすべて消化吸収されるわけではないので、毎日の食事や間食でタンパク質食材をしっかりとって肌や髪に届けましょう。

50代のタンパク質のとり方

1 体重50kg女性で手のひら3つ分の肉・魚を

１食分の量を考えるときに便利なのが自分の手のひらです。女性の手のひら１枚分の肉や魚は約100ｇ。そのタンパク質量は15〜20ｇが目安。脂肪分が多い肉や魚はもう少しタンパク質量は減ります。肉・魚を主菜にして、卵や納豆を副菜にするなど組み合わせも工夫して補って。納豆にごまや海苔などをトッピングするのも補給の助けになります。

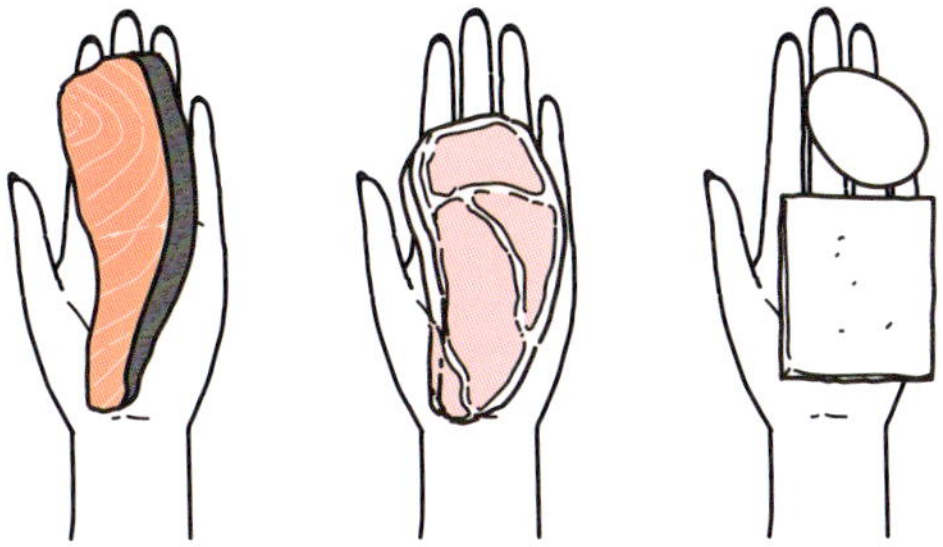

2 調理の工夫で吸収力を上げる

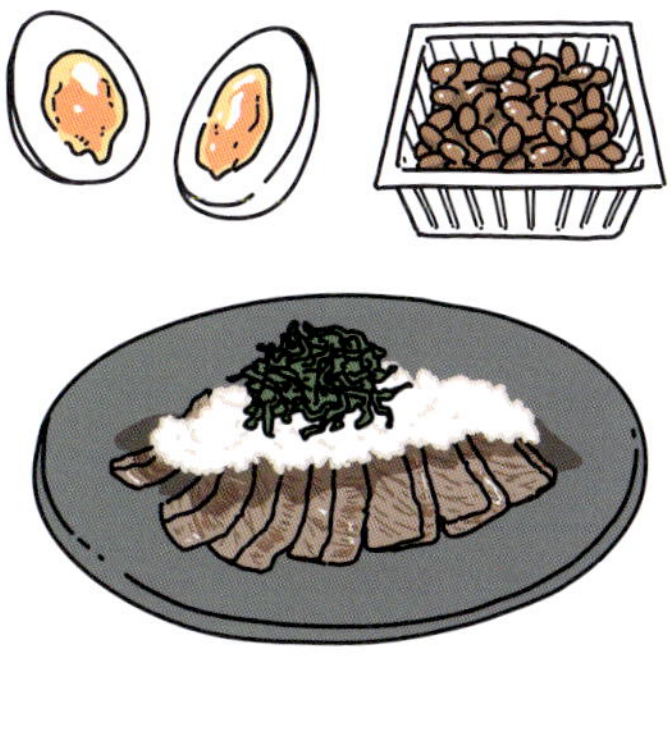

タンパク質は選び方や調理の工夫で消化吸収力を高められます。卵はゆで卵より半熟卵のほうが消化しやすく、大豆製品の中では発酵している納豆は消化がスムーズ。肉は発酵食品の塩麹で漬けたり、消化酵素が含まれるれんこんや大根おろしと一緒に食べたりすると消化が促されます。しっかり噛んで食べることも消化をよくするコツです。

NOT TO DO LIST

やめる

肌老化の元、AGEを増やす
糖質過多・揚げ物

Nutrition for Beauty

68〜69ページでお話ししたように、老化を進める大きな原因がタンパク質のコゲつき＝糖化です。

糖化とは体内でタンパク質が余分な糖と結びつき、タンパク質が変性、劣化することです。このとき生成されるのがＡＧＥ（終末糖化産物）という老化物質です。**ＡＧＥが体に蓄積すると、**動脈硬化や糖尿病、骨粗鬆《こつそしょう》症などさまざまな病気の原因になるほか、血管・骨・皮膚の細胞間をつなぐ架橋をもろくすることが報告されています。**皮膚ではコラーゲンなどの弾性線維に蓄積し、すると線維の伸縮性が失われ、シワやたるみを招いてしまいます。**

ＡＧＥが増えるしくみには2パターンあります。ひとつは体内で生じるパターンで、体内のブドウ糖が過剰になるとタンパク質と結合し、ＡＧＥが形成されます。つまり血糖値が急激に上がるような食事はＡＧＥを増やす

STOP!

糖化防止のために「しないこと」リスト

1　糖質の多い食品・飲み物、果物をとりすぎない
甘いお菓子やジュース類、果物は血糖値を急上昇させるので控えて。

2　揚げ物やスナック菓子は控える
質の悪い油や高温で調理した食品は、酸化も加わりAGEが多い。

3　インスタント食品・加工食品はやめる
人工甘味料や異性化糖※、質の悪い油がAGEに。スーパーの総菜も控えめに。

4　夜遅い時間の飲酒・深酒はやめる
お酒を多く飲むと体内でアセトアルデヒドが増え、これがAGEをつくり出す。

5　早食い・大食いをしない
早食いや大食いは血糖値を急上昇させるので、AGEを増やす原因に。

※ぶどう糖と果糖が混合した液状の糖

ということ。空腹のときに糖質が多いものを食べる、よく噛まずに早食いをする、甘い飲み物や甘いお菓子、果物などをよく食べるなどといった習慣は血糖値を急激に上げ、ＡＧＥを増やすので控えましょう。また、もうひとつはＡＧＥを含む食品から取り込むパターン。ＡＧＥは、糖質とタンパク質を高温で加熱した食品に多く含まれます。フライドポテトや唐揚げのような揚げ物やスナック菓子、パンケーキのようなこんがりと焼かれた食べ物、インスタント食品や加工食品にはＡＧＥが多いので、こういった食べ物も控えましょう。

　そのほか、過度の飲酒や喫煙もＡＧＥを増やすと言われているので、これらもやめたい習慣です。

　ＡＧＥが体内で増えると極めて穏やかにしか代謝されず排出されにくいといわれているので、とにかく増やさないように気をつけることが肝心です。

TO **DO** LIST

はじめる

食べ方を変えれば、糖化を抑えられる

#抗糖化

糖化は、食べ方や調理法、食べもの選びを変えるだけで予防・改善ができます。

まずは、血糖値の急上昇を抑える食べ方をすることです。早食いをせずゆっくりとよく噛んで食べるようにしましょう。それから、ごはんやパン、麺などの主食は糖質が多く、先に食べると血糖値が急上昇するので、野菜やタンパク質の多い食品を先に食べて、糖質が多いものは最後に少し食べるようにしましょう。

また、ＡＧＥは糖質とタンパク質を高温で加熱するほど多く発生します。揚げる→炒める・焼く→煮る→蒸すの順でＡＧＥの量は減ります。お刺身など生の状態ならＡＧＥの摂取を最も抑えられます。なるべくＡＧＥが少ない調理法を心がけましょう。

また、お酢を使うことでＡＧＥの発生を抑えられるといわれているので、料理にプラスするのもおすすめ。

糖化を減速する食べ方

① よく噛んでゆっくり食べる

早食いをすると血糖値が急激に上がり、AGEが増えやすくなるのでNG。時間をかけてゆっくり食べるクセをつけましょう。30分はかけて食べるようにすると血糖値の急上昇を防げます。そのためにもよく噛むことが大事。ひと口食べるたびにしっかりとよく噛むようにすると自然に早食いしなくなり、少量でも満腹感を感じ、食べすぎも抑えられます。

② 野菜や肉、魚、豆製品などから食べる

糖質が多いごはんやパン、麺などを最初に食べると血糖値が急激に上がってしまいます。野菜や海藻など食物繊維が多いものや、肉や魚、豆製品などのタンパク質食材、油を先にとると血糖値の上昇がゆるやかになります。ただし油のとりすぎはAGEを増やし肥満の原因にもなるので要注意です。

③ 加熱調理は蒸す、煮る、蒸し焼き

調理法は揚げる→炒める・焼く→煮る→蒸すの順でAGEが減るので、蒸し料理や生で食べるのがおすすめ。たとえば鶏肉なら最も避けたいのがフライドチキン。蒸し鶏が◎。

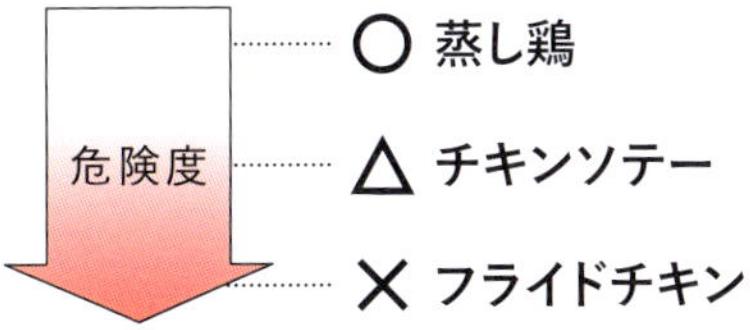

④ ターメリック、お酢をひとふり

お酢やレモンなどに含まれるクエン酸にはAGE化を抑える働きが。また、ターメリックやブロッコリースプラウトもAGEがつくられるのを阻害。食事にうまく取り入れて。

TO **DO** LIST

はじめる

サプリメントで補うべき栄養素No.1のビタミンC

#1日3000mg

50歳から積極的にとりたい栄養素がビタミンCです。高い抗酸化力があり、シミ・ソバカスの発現を抑えたり、コラーゲンの合成を助けてシワを軽減したりといった美容効果以外にも、アレルギーの抑制、副腎強化、免疫機能増強など多くの作用を持ちます。

そんなビタミンCは、サプリメントに頼りたい栄養素No.1です。食事からとれるビタミンCの量には限界があり、調理法や保存法によっても消失するので、効果を得るために十分な量を補えないからです。

では、サプリメントでどれくらいとるとよいのでしょうか。国が定める1日の必要量の100mgというのは、欠乏症を防ぐための最低必要量で、これはビタミンCが持つさまざまな効果を得られる量ではありません。実は、ビタミンCの必要量は個人差がとても大きく、その差は20倍とも言われています。たとえばストレスが強い人の体内ではビタミンＣが多く消費されるので必要量は増えます。その個人差を知る手がかりのひとつがはお腹の調子です。ビタミンＣが体内は十分にあるときにサプリメントでとると、お腹が張ってガスが増えたり、軟便になったり、下痢をすることがあります。いずれかの症状が出たら、それ以上とっても吸収されないサインなので、一旦その日はそれ以上とらずにお休みを。風邪をひいているときなど体が必要としているときは、１日に１００００㎎とっても軟便などの症状が出ないことが多いです。**私自身は50歳から1日に3000㎎とっています。**普段のカウンセリングでは、特別に病気などのない方に対してでも１日に１５００㎎、特に美容効果を望まれる方には２０００㎎以上の摂取をおすすめすることが多いです。そして１日３回、またはそれ以上に分けてこまめにとることもビタミンＣ摂取のポイントです。

TO DO LIST

はじめる

「若返りビタミン」Eと皮膚を守るビタミンAも補給

#1分顔筋トレ

ビタミンCとともに50歳から不足しないよう補いたいのが抗酸化作用のある2つの脂溶性ビタミン、AとEです。まず、ビタミンAは、レバーやうなぎ、卵黄など動物由来の食品に多く含まれる栄養素です。皮膚や粘膜を再生しながら皮膚の健康を維持するほか、ドライアイや眼精疲労の予防など目の機能を正常に保つ働きもあります。また、体内でビタミンAに変わるのが、動植物に含まれる赤や黄の色素成分「カロテノイド」です。自然界には50種類以上とあるとされていますが、ヒトの体に吸収されるのは、そのうちの14種ほどです。よく知られているのは、緑黄色野菜に多いβ-カロテン。他にはトマトに多いリコピン、ケールやアボカドなどに多いルテイン、ブロッコリーなどに多いゼアキサンチン、さけに多いアスタキサンチンなどがあります。これらは乾きやすい50代からは不足に注意。食品からとれるよう意識的に取り入れて。

一方、**ビタミンEは、抗酸化栄養素の代表格で、「若返りビタミン」**の別名があります。**女性ホルモンの材料にもなり、生殖機能の維持や、血行促進など、50歳からの女性にはとても大切な栄養素**です。天然のビタミンEには、トコフェロールとトコトリエノールの2種があり、それぞれにα、β、γ、δの4種があるので全8種類あります。このうち抗酸化作用が特に高いのがトコトリエノール。食品では、米ぬかや小麦胚芽などにわずかに含まれる程度なので、私はぬか漬けを食べつつ、さらにサプリメントでも補っています。ビタミンEをサプリメントでとるなら、天然型でなければ、抗酸化作用は期待できません。天然型のビタミンEには、d-αやd-r-トコフェノールなどがあります。合成（人工）品には、dl-α-トコフェノールと記載されていますので、サプリメントを選ぶときには成分を確認するようにしましょう。

TO **DO** LIST

はじめる

抗酸化成分、アルファリポ酸、CoQ10も意識

＃抗酸化

ビタミンA・C・Eとともに、50歳から意識してとることをおすすめしたい2つの抗酸化成分が、アルファリポ酸とコエンザイムQ10（以下CoQ10）です。

まず、アルファリポ酸は、チオクト酸とも呼ばれる脂肪酸の一種です。ミトコンドリアで働く補酵素の一つとしても知られています。アルファリポ酸には、高い抗酸化作用があるほか、細胞質や細胞膜、血管壁を強化する働きや、体内に侵入した重金属を排泄する働きなどがあります。さらにすごいのは「抗酸化物質のリサイクル作用」です。ビタミンA、E、Cなどほかの栄養素の抗酸化力を高める効果があります。**食品ではほうれん草やブロッコリー、牛や豚のレバーなどに微量含まれます**が、効果を期待できる量を食品から補うことはなかなか困難。

私自身は、サプリメントで1日に100mgほどをとっています。

要注意！

CoQ10不足チェック

- □ ハードな運動をしていなくても動悸、息切れがしやすくなった
- □ 歯ぐきから出血しやすい
- □ 午前中から疲れを感じるようになった
- □ 足がとてもむくみやすくなった

そしてCoQ10は、体内でも合成される補酵素で、体のエネルギー産生と抗酸化作用が主な働きです。前ページで述べたビタミンEの作用を高めます。ただ、CoQ10は残念ながら20代をピークに加齢とともに減少していき、不足すると持久力がなくなり、ゆるやかな坂道を歩いただけでも息切れがしたり、朝から疲労感が抜けずに体がだるいという症状が出ることも。**食品ではいわしなどの青魚や、牛肉や豚肉などの動物性食品に多く含まれ、**肉や魚をたくさん食べられないという人はサプリメントを利用してみるのもよいでしょう。上記のチェック項目に多く当てはまる人はCoQ10が不足している可能性があります。食事やサプリメントでの補給を心がけて。

はじめる

肌・髪・爪すべてに必須の鉄は閉経後の50代からも不足させない

鉄は、組織の隅々まで酸素を送りながら、免疫や健康の維持を担っています。**タンパク質やビタミンC、亜鉛と協力し合って、真皮層のコラーゲンを構築する働きがあるので、不足すると肌や髪、爪の健康状態に悪影響**が。また、59ページにも述べたように、シミの原因にも鉄不足が深く関係しています。閉経後の女性は、生理がなくなって鉄の流出がないからと油断しがちですが、閉経後にも不足しないよう補いましょう。鉄には植物性食品に含まれる非ヘム鉄と、動物性食品に含まれるヘム鉄があり、**ヘム鉄のほうが体への吸収率が高い**のでおすすめ。また、鉄をサプリメントでとる場合に要注意なのが、「アミノ酸キレート鉄」。これは、食品や天然型のヘム鉄サプリメントから鉄をとったときと異なるルートで体に吸収されるので私はおすすめしません。海外のサプリメントによく使われているので購入の際はよくチェックを。

吸収効率がよい

ヘム鉄が多い食品を意識してとる

ヘム鉄とは

体への吸収率が高く、緑茶やコーヒーに含まれるタンニンや、玄米の外皮や大豆などに含まれるフィチン酸による吸収阻害の影響がない。

ヘム鉄を多く含む食品 (100gあたり)

◎ 牛・豚・鶏・羊などの獣肉類
◎ 内臓・レバー製品
◎ かつお、まぐろ、いわしなど魚類
◎ あさり、赤貝などの貝

赤身肉やレバー、かつおなど動物性食品に含まれるのがヘム鉄。ひじきやほうれん草など植物性食品に含まれる非ヘム鉄の体への吸収率が約5%なのに対し、ヘム鉄は10〜30%と高く、カフェインやタンニンなどの成分による吸収阻害の影響がない。

要注意!

鉄分不足チェック

- □ 立ちくらみやめまいがすることが多い
- □ 頭痛や頭重感がある日が多い
- □ とにかく疲れやすい
- □ 落ち込みやすく、やる気がわかない
- □ 集中力がなく、イライラしやすい
- □ 髪に張りがなく、毛も抜けやすい
- □ 皮膚が弱く、皮膚トラブルが長引く
- □ 食欲があまりない日が続いている
- □ 風邪をひきやすく、治りにくい
- □ 顔色が悪いと言われることが多い

TO **DO** LIST

はじめる

美白成分、グルタチオンも食事からとる

#グルタチオン　#美白

もうひとつ、50歳から摂取をおすすめしたい成分がグルタチオン。これはヒトの体のほとんどの細胞に存在するアミノ酸で、抗酸化作用が高く、ビタミンCをパワーアップさせて再利用する働きや、メラニンの生成抑制と還元による高い美白効果があることで人気が高まっています。その大きな理由は、ビヨンセがグルタチオンを主成分とした点滴で肌が白くなったと話題になったため。日本でも〝ビヨンセ点滴〟〝白玉点滴〟などという名で美容クリニックで行われています。グルタチオンには、薬害や異物、アルコールなどの毒性を無害化する作用もあります。点滴でたくさん補っても一時的な効果しかないので、毎日の食事やサプリメントで補うのがおすすめ。左ページで挙げたような食品に多いので食事に取り入れて。私はゴルフの日など紫外線を浴びる時間が長い日はグルタチオンをサプリメントで30～60㎎補っています。

グルタチオンを含む食品をとる

グルタチオンとは

グルタミン酸・システイン・グリシンの3つから成るアミノ酸。高い抗酸化作用があり、美白や老化予防に効果的。また、解毒作用も。

グルタチオンを多く含む食品

◎ 真だら
◎ レバー
◎ まいたけ
◎ えのきたけ
◎ ブロッコリースプラウト
◎ ブロッコリー
◎ トマト
◎ アボカド
◎ ほうれん草
◎ キャベツ
◎ 玉ねぎ
◎ そら豆

NOT TO DO LIST

やめる

抜け毛、白髪が加速する
偏食・過食・少食

Hair Care

肌以上に見た目の印象を大きく左右するのが髪です。すでに生えている髪の傷みをケアするならヘアケア剤を活用するのもよいですが、新たに生まれてくる髪質を改善するために大事なのはやはりインナーケアです。髪をつくり出す毛根部の毛母《もうぼ》細胞などの組織にしっかりと栄養が届いていないと、生えてくる髪がやせ細ってしまいます。ですから大切なのは栄養補給。

そして髪のために何より優先的に必要な栄養素が、髪の原料になるタンパク質です。タンパク質不足は、抜け毛や薄毛、張り・コシの不足などを招くのでしっかりとりましょう。ほかに、髪の主成分であるケラチンの生成を促す亜鉛や、髪に栄養と酸素を運ぶ血液をつくるのに欠かせない鉄、健康な髪を育て、抜け毛を防ぐビタミンB群も意識してとりましょう。また、白髪予防には、前述の栄養素に加えて、抗酸化作用があるビタミンCやE、

アルファリポ酸、グルタチオンなども効果的です。
加齢にともない女性ホルモンが減少すると抜け毛や白髪が増えますが、しっかり栄養を補うことでトラブルの出現を遅らせることはできます。私は59歳になる今も白髪がなく、白髪染めをせずに済んでいて、これは髪に必要な栄養素を食事とサプリメントでとり続けていることの恩恵が大きいと思います。私のお客様でも栄養摂取に気をつけている方は、50、60歳を超えても白髪が少なく、毛量の悩みもない方が多いです。
また、栄養摂取をはじめたら抜け毛も髪質も改善される方がたくさんいます。少食になって栄養不足になりやすい世代ですが、髪のためにもバランスよく、しっかり食べることを意識してください。

TO **DO** LIST

はじめる

髪に栄養を届きやすくする
頭皮血流&リンパ促進マッサージ

#抜け毛予防　#白髪予防

これから生えてくる髪の質をよくするためにも、抜け毛や薄毛を防ぐためにも、インナーケアとともに習慣にしたいのが頭皮マッサージです。髪を作る毛母細胞に栄養を送り届ける血液の流れが悪いと、栄養や酸素が届きにくくなり、健康な髪が生えにくくなってしまうばかりか、抜け毛や薄毛の原因にも。また頭部にもリンパ管が多いため不要な老廃物の代謝を促すことも大切。そのために手軽にできて効果的なのが頭皮マッサージなのです。

本来、頭皮は柔らかく適度な弾力があるのがよい状態なのですが、デスクワークで頭や目を酷使したり、同じ姿勢を続けたりすると血流が悪くなって頭皮がガチガチに硬くなってしまいます。頭皮は日常生活ではほとんど動かさないので、自分の手でマッサージをしてほぐすことが大切。入浴中などに左ページの頭皮マッサージを取り入れて。頭皮がほぐれると顔のたるみも改善します。

頭皮血流&リンパマッサージ

頭皮マッサージは、頭皮が汚れた状態で行うと、汚れが毛穴に詰まってしまうので、シャンプー後や、シャワーで髪の汚れをざっと落としてから行うのがおすすめです。また、指の腹を使って優しく行うのが基本。爪を立てて行うと頭皮が傷つくので避けましょう。頭皮用のエッセンスなどをつけて行ってもOKです。

髪の生え際から後頭部へ指でグリグリ

髪の生え際に両手の指の腹を当て、後頭部へ向かってさするようにマッサージをします。全体をまんべんなく行いましょう。

耳の上から頭頂部まで側面を指でほぐす

耳の上に両手の指の腹を当て、頭頂部に向かって引き上げるようにマッサージします。全体をまんべんなく行いましょう。

頭頂部をマッサージ

頭頂部に指の腹を当て、もみほぐします。全体をまんべんなく行いましょう。硬い部分があったら重点的にほぐして。

第2章

50歳からの体の美と健康

太りやすくなった、やせてしまった、体のあちこちが痛い、疲れやすくなった、よく眠れない…。50代の体にはトラブルがいっぱい。そんな悩みへの対策をアドバイス！

揺らぐ50歳の体に起こることは上手に乗り切る方法がある

50歳前後の体で起こる最も大きな変化は、女性ホルモンの分泌量が急激に減り、閉経を迎えることです。そして、その前後に訪れるのが更年期。ただ、更年期の時期や症状については個人差が大きく、40代前半から不眠やホットフラッシュなどの更年期症状に悩まされる人もいれば、私もそうでしたが、ほとんど不調を感じないままその時期を越えられる人もいます。

また、外面的には、体型の変化も起こります。最も起きやすい変化が、太りやすくなることです。脂質代謝を促す作用があるエストロゲンの分泌量が減るうえ、加齢によって基礎代謝も低下するので、今までと食べる量を変えていなくても脂肪に変わりやすくなってしまうのです。そのためダイエットしようと、糖質制限やファスティングに走る人もいますが、極端な食事法は栄養不足を招くうえ、甲状腺や腎機能を狂わせるなど体を壊してしまう可能性も。また、基礎代謝がさらに落ちるため、やせられないばかりか疲れやすくもなってしまいます。

その一方で、50代になると、食が細くなってしまい、太りたくても太れず、げっそりやつれて老け感が増してしまう人もいます。

さらに、50代に起きやすいもうひとつの体の変化は、女性ホルモンの変動の影響で自律神経が乱れやすくなり、イライラや落ち込みといったメンタルの不調や、不眠や中途覚醒などの睡眠トラブルが起きやすくなることです。ストレスがたまると余計にこういった不調が悪化するので、ストレスケアや自律神経を整えるケアを取り入れることもこの世代には欠かせません。そのほか、女性ホルモンの減少によって、関節に痛みが起きたり、骨がもろくなって骨折しやすくなったりといった問題が起きやすくなるのもこの年代の特徴です。

　このように、アラフィフからの50代は、体の状態がとても揺らぎやすいとき。だからこそ、50歳からは流行りの健康情報に飛びつくのはもう卒業しましょう。ＳＮＳやＷＥＢなど、ちまたにはたくさんの健康情報があふれていますが、それが必ずしも自分に合っているとは限りません。目新しい情報に飛びつく前に、まずは日々の食事や運動などベーシックなことを見直しましょう。そして、大切なのは情報を精査する能力を身につけることです。

　不調が多くなっていくと、年齢を重ねることに悲観的になってしまうかもしれませんが、その必要はありません。見た目の変化を「老けた」感じにしない方法や、心身の不調を防ぐための対策はたくさんありますから。大事なのはそれをコツコツ続けることです。この章ではそのためにおすすめの方法をご紹介します。

　自分に合ったものを見つけて、実践して、50代を元気に乗りきりましょう。

太らない！疲れない！痛まない！快適ボディのためにやめること7

体にいいと思ってやっていることが、実は逆効果の場合が。50代からは生活習慣を見直す必要あり。要注意習慣を「やめる」ことで快適ボディを手に入れましょう。

01 むやみやたらなダイエット

食事制限などの極端なダイエットは、〝やせ老け〞を招くから50代からは御法度。

→P96

02 勘違いヘルシー食生活

糖質オフ、カロリーオフの飲食品を多用したり、ヘルシーだからとひとつの食品に偏った食べ方は老化を促進。

→P97

03 出不精

年齢を重ねると出不精で運動不足になりがち。でも肥満も老けやせも招く要因に。

→P104

ブラウス、デニム／共にPierrot

04

流行の健康情報に飛びつく

ちまたにあふれる健康情報に、自分の体質や体調を考えず次々に飛びつくのは50歳からは卒業したい。

→P106

05

仕事や家族のためにとがんばりすぎる

仕事や家族のためにとがんばりすぎな50代。自分のキャパを超える前に自分ファースト思考に切り替えを。

→P112

06

寝る前飲酒、長風呂・高温浴

リラックスのためによさそうだけれど、これらは睡眠の質を下げる悪習慣。

→P120

07

痛みやこりを年齢のせいにする

痛みやこりなどの体の不調は「年のせい」ではなくほかにも原因が。放っておくと悪化するだけ。

→P122

NOT TO DO LIST

やめる

食べすぎてないのに太る、食べているのにやせる、原因は〝無防備な〟食べ方

Body Make

50代になって、甘いものや間食が増えてしまったという人、多いのではないでしょうか？　その理由のひとつとして考えられるのが、エストロゲンの減少です。エストロゲンには、食欲を抑制するレプチンという抗肥満ホルモンの分泌を促す作用があり、エストロゲンが減るとレプチンの分泌も減り、過食に走りやすくなるのです。

一方、50代には食べても太れないという人も多いですが、お腹だけポッコリ出ている人も少なくありません。そんな人の多くは、ごはんは控えめなのにお菓子やお酒を毎日とっているなど偏食気味です。それに加え、運動不足だと余計に筋肉が落ち、やせ老けを深刻化させます。

左記のような食べ方は一見ヘルシーに見えますが、太る原因にもやせ老けの原因にもなるので要注意。そのほか、腸内環境の悪化も肥満もやせ老けを招きます（98ページ参照）。これらの習慣は改善を。

50代が太りやすくなる原因

◎腸内環境悪化や慢性の炎症
◎エストロゲンの減少
◎基礎代謝の低下（運動不足）
◎脂質・糖質のとりすぎ　など

50代のやせ老けの原因

◎腸内環境悪化や慢性の炎症
◎消化吸収力の低下
◎筋力低下　◎ストレスの蓄積
◎栄養カロリー不足　など

今すぐ見直したい 勘違い〝ヘルシー〟な食べ方

夕食のごはんを抜いてお酒

ごはんを抜いてお酒を飲み、糖質が少ないお酒にして糖質を抑えたつもりでもアルコールの吸収は早く肝臓に負担がかかるので脂肪合成を促す原因に。

ちょこちょこ食べ

タンパク質や食物繊維など腹持ちをよくする食品を食事でとらないと、間食をちょこちょことる回数が増え胃腸も疲労し代謝ダウンに。結果、肥満もやせ老けも招く。

朝のスムージー

果物の果糖は単糖類で体への吸収が早く、果物の食物繊維も形をなくしたジュース状にして朝の空腹時に飲むと血糖値が急上昇し、肥満の元に。

ゼロ飲食品の多用

糖質ゼロをうたう飲料やカロリーオフの調味料や食品に多用されている人工甘味料は、味覚や抗肥満ホルモンの作用を狂わせたり、満腹中枢の反応を鈍らせる原因に。プロテインやサプリメントにも人工甘味料が含まれていないかチェックを！

NOT TO DO LIST

やめる

太る&やせ老けともに腸内環境悪化は大敵

Body Make

太る原因にも、やせ老けの原因にもなるのが腸内環境の悪化です。腸は栄養を吸収する器官ですが、腸内環境が悪いとその機能が正しく働きません。そのため、食事量は控えめにしていても脂肪が過剰に蓄積して太りやすくなります。また、腸内環境が悪いと、しっかり食べているつもりでも栄養吸収が妨げられ、筋肉が落ちたり、エネルギー不足を起こすため、やせ老けの原因にもなります。つまり太りやすい人も健康的に太れない人も、最優先すべきは腸内環境を整えること。ただ、中には、食物繊維が多い野菜を毎日とっていたり、ヨーグルトを毎日欠かさず食べていても便秘に悩む人もいます。そんな場合はその食品が自分の腸には合っていない可能性も。食物繊維でも不溶性食物繊維は慢性便秘の人がとると悪化を招くこともあるので、水溶性食物繊維や発酵食品なども組み合わせて腸内環境を整えるのがおすすめです。

【腸内環境チェックテスト】

- [ ] 起床から2時間たってもお腹が空かない
- [ ] 便やおならがとても臭い
- [ ] 排便は毎日ではない
- [ ] コロコロ便で残便感がある
- [ ] お腹を壊しやすく軟便である
- [ ] 食後お腹が張る
- [ ] 毎日十分な量の野菜が
とれているといえない
- [ ] 朝はパン食が多い
- [ ] 外食またはコンビニ食が多い
- [ ] 飲酒量が多い
- [ ] 肉やラーメンをよく食べる
- [ ] クッキーや菓子パンをよく食べる

上記の項目で自分に当てはまるものをチェック。当てはまる数が多いほど腸内環境が悪化している可能性大。便秘だけでなく、下痢気味、お腹が空きにくい、おならが臭い、お腹が張るというのも腸内環境悪化のサイン。食物繊維不足のほか、加工食品やお酒、小麦製品をよくとることも腸内環境を悪化させます。

TO **DO** LIST

はじめる

大人の腸活はシンバイオティクスで

#腸内細菌

便秘や軟便に悩む人は多いですが、そんな人におすすめなのが、最強の腸活と言われる「シンバイオティクス」。これは、「プロバイオティクス」と「プレバイオティクス」を一緒にとることです。まず、プロバイオティクスとは、乳酸菌やビフィズス菌など人にとって有益な働きをする微生物、つまり善玉菌そのものです。とると腸内に善玉菌が増え、腸内環境が整います。一方、プレバイオティクスは腸内の善玉菌の餌になるもののことで食物繊維やオリゴ糖などがあります。こちらもとると腸内の善玉菌が増え腸内環境が整います。プレバイオティクスをとって善玉菌にエサを与えると「短鎖脂肪酸」という代謝物が生まれます。この物質には悪玉菌の増殖抑制、腸の蠕《ぜん》動《どう》運動の促進、体脂肪の低減などの働きがあります。ですからシンバイオティクスが最も健康効果が高いのです。左ページのような食品の組み合わせで取り入れて。

シンバイオティクス的食べ方

シンバイオティクスとは…

プレバイオティクス
善玉菌を増殖･活性させるエサ
オリゴ糖　食物繊維

相乗 × 効果

プロバイオティクス
腸内フローラを整える善玉菌
〈代表的なもの〉
納豆菌　麹菌　乳酸菌　ビフィズス菌

↓

短鎖脂肪酸
シンバイオティクスが発行するときに産生する大腸のエネルギー源
プロピオン酸　酪酸

プレバイオティクス を多く含む食べ物

蠕動運動をよくし、人の消化管で消化吸収されにくい
↓
大腸まで届き腸内環境改善に役立つ

水溶性 食物繊維	不溶性 食物繊維	オリゴ糖
ごぼう 海藻類 キャベツ れんこん きくらげ 押し麦 らっきょう	えのきたけ 大豆製品 干ししいたけ モロヘイヤ さつまいも 切り干し大根 オートミール	てんさい糖 レンズ豆 ひよこ豆 玉ねぎ ごぼう アスパラガス にんにく

※れんこんには不溶性食物繊維も多く含まれます。

プロバイオティクス を多く含む食べ物

胃酸や熱に弱い性質
↓
腸内では減少しやすいので頻繁に摂取する必要がある

納豆菌	乳酸菌
納豆	キムチ、ヨーグルト ぬか漬け、みそ チーズ
ビフィズス菌	**麹菌**
ビフィズス菌 入り食品	塩麹、しょうゆ麹 甘酒、みそ

シンバイオティクスかんたんメニュー

しいたけと玉ねぎの卵とじ

食物繊維が多いしいたけ（プレバイオ）と、オリゴ糖が含まれる玉ねぎ（プレバイオ）を炒め合わせて、塩麹（プロバイオ）で味つけし、卵でとじたもの。

納豆と塩麹のせ麦ごはん

食物繊維が多い麦ごはん（プレバイオ）に、納豆（プロバイオ）と塩麹（プロバイオ）をのせた簡単メニュー。朝食におすすめ。

れんこんとごぼうのしょうゆ麹きんぴら

食物繊維が多いれんこんと、食物繊維もオリゴ糖も含むごぼう（プレバイオ）を使い、塩麹（プロバイオ）で味つけ。

TO **DO** LIST

はじめる

脂を抜くのではなく 選んでとる

#オメガ3系オイル

油はホルモンの材料にもなるので、更年期世代は、残された女性ホルモンのバランスを維持するためにも良質の油の摂取は不可欠。油はエネルギー源でもあるので、抜くとエネルギーが不足し、ふらつきや思考力低下の原因にも。また、筋肉からタンパク質が奪われて基礎代謝が落ちるという悪循環に。ですから良質の油を選んでとることが大切です。おすすめは、アレルギー症状や炎症の抑制、中性脂肪の低下などの効果がある青魚の油やえごま油、亜麻仁油などに多いオメガ3系の油です。また、MCTオイル（中鎖脂肪酸）は即効的に体で利用されるので、食が細くて太れない人のエネルギー補給に最適。太りやすい人の代謝促進や過食予防にも効果的です。また、悪玉コレステロール値が高くなりやすい50代からは、ごま油などオメガ6系のとりすぎにも注意。炒め油にはこめ油や無臭タイプのココナッツオイルがおすすめ。

脂肪酸の種類と摂取ポイント

分類	飽和脂肪酸		不飽和脂肪酸					
			一価不飽和脂肪酸	多価不飽和脂肪酸				
			オメガ9系	オメガ6系		オメガ3系		
主な脂肪酸	パルミチン酸 ラウリン酸	中鎖脂肪酸	オレイン酸	リノール酸※	アラキドン酸※	α-リノレン※	DHA※（ドコサヘキサエン酸）	EPA※（イコサペンタエン酸）
多く含む食品	ラード バター 牛脂	MCTオイル ココナッツ油 ココナッツバター	オリーブ油・菜種油・紅花油・ナッツ・アボカドなど	紅花油・ひまわり油・大豆油・コーン油・ごま油など	レバー・卵・からすみ・キャビアなど	しそ油・えごま油・亜麻仁油・くるみなど	くろまぐろ（脂身）・さば・いわし・ぶりなど	養殖はまち・ぶり・うなぎ・さんま・さばなど
	摂りすぎ注意					積極的に摂取を		
特徴と摂取ポイント	とりすぎは中性脂肪や悪玉コレステロールの上昇の原因に。クッキーやケーキなどの菓子、加工食品、揚げものそうざいなどにも使われるので注意。	体内にすばやく吸収され即エネルギー源になり、体脂肪として蓄積されにくい。MCTオイルは加熱はNG。コーヒーやサラダ、スープに。	血液中コレステロールを適正に保つ作用がある一方で、とりすぎると悪玉コレステロールの上昇や、炎症の発生の原因になるので注意。	血中コレステロール値や血圧の低下作用が示唆されているが、とりすぎると高脂血症や炎症などの原因に。現代人はとりすぎ傾向なので控えめに。	乳児の成長に不可欠で、免疫機能の維持にも必要。とりすぎは動脈硬化やアレルギー性疾患の発症リスクを高めるので注意。	体内で必要に応じてDHAやEPAに変わり、同じ働きをする。酸化しやすいため加熱せず、ドレッシングにするなど、料理にかけてとって。	脂肪燃焼の促進や、抗血栓作用、アレルギー疾患・動脈硬化・脂質異常症などの予防効果がある。加熱によって低減するので魚は刺身でとるのが◎。	中性脂肪を減らし、高血圧、高脂血症、動脈硬化などを防ぐ。DHA同様、加熱により低減。魚の缶詰でとる場合は塩分が多くなければ汁ごととる。

※必須脂肪酸＝体内ではつくることができず食事から摂取する必要がある脂肪酸

一見、体によさそうなごま油や紅花油などオメガ6のとりすぎは、炎症や動脈硬化の原因になるので注意。オメガ3とオメガ6は1:2の割合でとるとよいとされています。オメガ3の油は加熱には向かないので、私はドレッシングに使ったり、納豆や冷奴などに少量たらしてとっています。

TO **DO** LIST

はじめる

筋肉と代謝のために、BCAAとグルタミンをとって、1日10%多く歩いてみる

#筋肉維持

太りやすい人は、基礎代謝を上げるために筋トレをして骨格筋を増やすことが不可欠。また、太れない人も筋トレで骨格筋を増やすとやせ老けを防げます。骨格筋は骨の動きを支える筋線維で、その原動力は酸素を貯蔵するミオグロビンというタンパク質なので、不足しないように補うことが大切。特に必要なのは必須アミノ酸のＢＣＡＡ（バリン・ロイシン・イソロイシン）や非必須アミノ酸のグルタミン。これらは筋肉の成長や修復に関わりますが、ハードな運動をするとどんどん分解されるため補給しないと倦怠感や筋肉痛などを招きます。また、脂肪をエネルギーに変えるカルニチンも必要なアミノ酸。そしてこれらのアミノ酸を効率的に働かせるにはビタミンＢも必要。筋トレをしつつ、これらの栄養素の摂取を。運動習慣がない人は、普段より10%多く歩くなど日常生活の中で少しずつ動く機会をつくり筋肉量を維持しましょう。

BCAAについての基礎知識

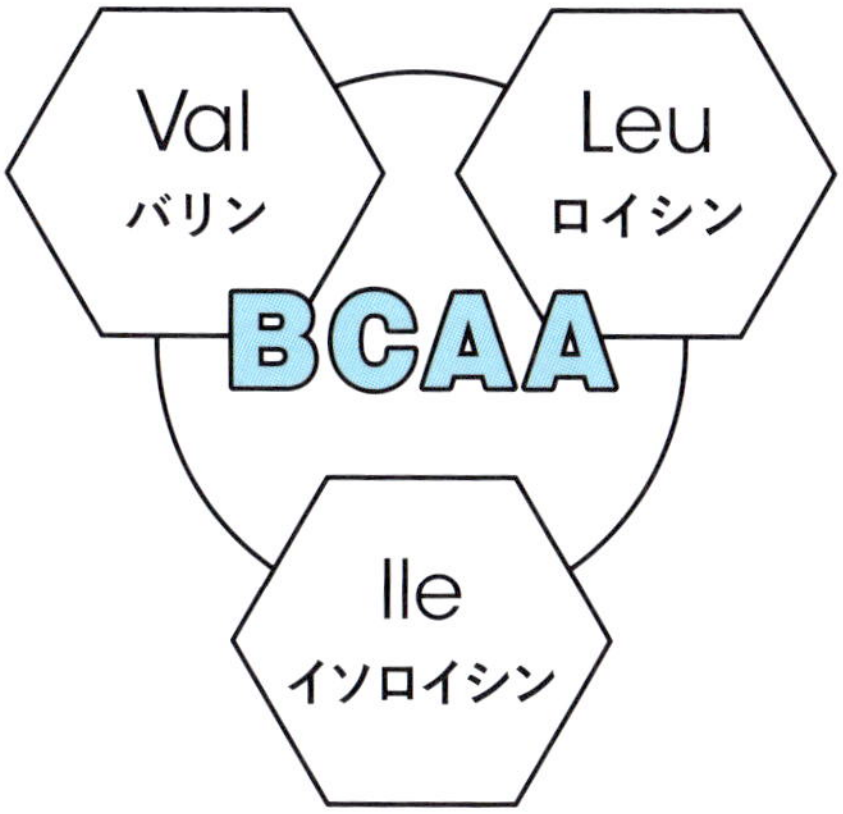

BCAAを多く含む食品

（100gあたり）

- ◎ まぐろ（赤身） 4.8g
- ◎ 鶏肉（胸肉） 4.3g
- ◎ かつお 4.3g
- ◎ あじ 3.8g
- ◎ さんま 3.7g
- ◎ 豚肉（もも） 3.3g

BCAAは筋肉内に多く存在する分岐鎖アミノ酸（バリン、ロイシン、イソロイシン）。筋合成の促進、筋肉の分解抑制のほか、肝機能維持にも。筋肉の30〜40%はBCAAという報告があり、運動量が多い人、筋肉量を増やしたい人、アルコール習慣がある人は特に積極的にとる必要があります。

グルタミンについての基礎知識

アミノ酸の中でもグルタミンは特に、免疫細胞や腸管の粘膜に多く存在し、免疫機能の維持や向上に不可欠。精神的ストレスや飲酒などで多く消費されるほか、激しい運動や、過度な運動をすると筋肉中からグルタミンが取り出され筋肉が分解されます。なので運動をする人や、ストレスが多い人、風邪をひきやすい人、飲酒習慣がある人はしっかりと補給を。食後に軟便になりやすい人、お酒を飲むと下痢をする人はグルタミン不足の可能性もあるので意識してとって。

グルタミンを多く含む食品

（100gあたり）

- ◎ 大豆食品
- ◎ 卵
- ◎ チーズ
- ◎ 肉・魚
- ◎ 小麦

TO **DO** LIST

はじめる

自分の体質に合わせて ダイエットする

#胚葉型別ダイエット

やせにくくなる50代からは、やみくもなダイエットでは結果が出にくいので、自分の体質に合った方法で行うのが成功のポイント。そこでおすすめなのが体質を生かした「胚葉型別」ダイエット。これはドイツの医学者、クレッチマーの書籍『体格と性格』にも記載された体質類型理論と、体質の研究で功績を挙げたアメリカの医学者シェルドンの胚葉類型の概念に基づくもの。この2つの理論を融合させ「胚葉類型体質分類」を生み出したのが日本の植物療法の第一人者、末富仁先生。私は末富先生の元でこの理論を学びました。私たちの命の源である受精卵は細胞分裂を繰り返す過程で3つの胚葉が作られます。外側の層から外胚葉、中胚葉、内胚葉と呼び、どの層が優位に発達するかで体質や体調傾向、性格などがある程度決まるとされます。タイプごとに最適なダイエットも異なるので、まず自分のタイプをチェックして。

体質を生かせる
「胚葉型」別ダイエット

自分の体つきや体質から、自分は以下の3つのうちどのタイプに当てはまるかをチェックしてみましょう。108～110ページでそれぞれのタイプの特徴やダイエットのポイントを詳しく紹介するので、ダイエットの参考に。体質に合った方法なので成功しやすいはず。

胚葉型は3つ

TYPE-1

ほっそり
外胚葉タイプ

食べても太りにくく、ほっそり体型で、筋肉や脂肪がつきにくいというあなたは外胚葉タイプ。このタイプの詳しい解説とおすすめのダイエット法は108ページをチェックして。

TYPE-2

がっちり
中胚葉タイプ

筋肉がつきやすくがっちりした体型で、骨格もたくましくて丈夫なあなたは中胚葉タイプ。このタイプの詳しい解説とおすすめのダイエット法は109ページをチェックしましょう。

TYPE-3

ぽっちゃり
内胚葉タイプ

体全体に丸みがあるぽっちゃり体型で、食べるのが大好きで太りやすいあなたは内胚葉タイプ。このタイプの詳しい解説とおすすめのダイエット法は110ページをチェック。

TYPE-1

ほっそりな 外胚葉タイプの特徴と対策

骨格が細めで、筋肉も脂肪もつきにくく太りにくいのが外胚葉タイプ。このタイプは、若いうちはやせていて人からうらやましがられることが多いですが、50代以降になるとやせていてもお腹だけは出てきたりしやすいので注意。栄養補給を心がけるのがポイント。

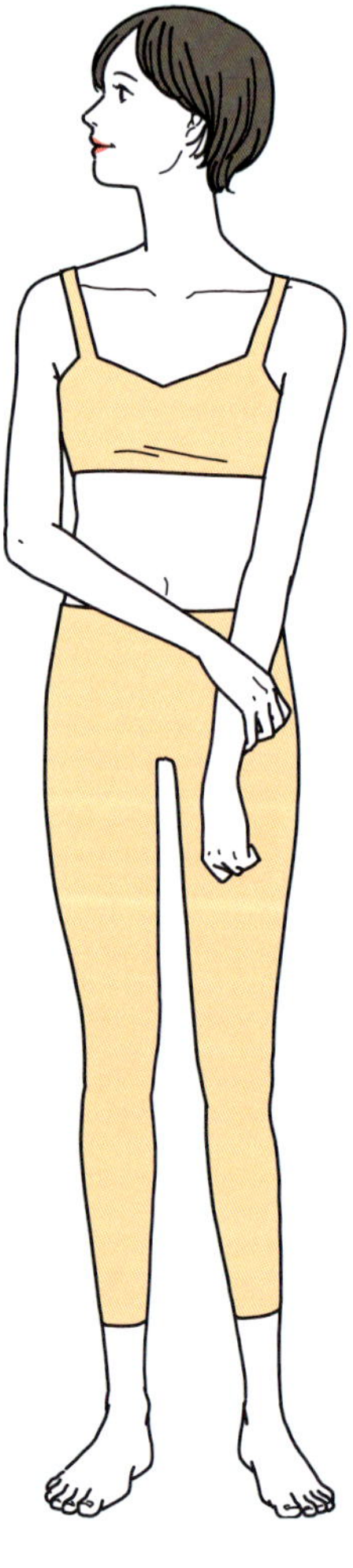

【身体的特徴（細長・痩せ型）】

◎ 頭、顔は小さめで、首は細く長め、全体に骨格は細め。背中、胴体の肉づきが悪く全体に骨ばりが目立つところも。
◎ 筋肉、脂肪がつきにくく、落ちやすい
◎ 乳腺の発達が弱く、乳房は小さめ
◎ 代謝が高く、もともと食べても太りにくい
◎ 手先、足先など末端が冷えやすい
◎ ストレスを受けやすく胃弱症状が出やすい
◎ 筋肉も脂肪もつきにくく、鍛えないと姿勢維持ができず腰痛、首、肩こりも

【気質・性格】

繊細、非社交的で内気、気配りがあるが自意識過剰な面も

【ダイエットのポイント】

「○時間ダイエット」や断食は不向き。筋肉がつきにくいので、低栄養、低カロリーにならないよう注意。太らないからと炭水化物だけでお腹を満たすとタンパク質の消化吸収力が落ちてやせ老けしたりお腹だけポッコリに。過度の糖質はNG。タンパク質をこまめにとり、1日の必要量は確保を。良質な脂質からもエネルギー補給し、筋トレを毎日少しでも続けて。

TYPE-2

がっちりの 中胚葉タイプの特徴と対策

筋肉質で骨格もしっかりとしたたくましい体型なのが中胚葉タイプ。筋肉が多いので太りにくいけれど、糖質や脂質過多の食事が続くとがっちりと男性的に太る傾向があります。少しの運動でも筋肉がつきやすいので運動は適度にし、筋肉を柔軟にすることがポイント。

【身体的特徴（筋肉型、闘士型）】

◎ 頭蓋骨が発達して大きめの頭筋肉が発達し、背中が広め。ほかの部分もがっしりしている。骨格もたくましくて丈夫

◎ 筋肉、骨、結合組織、心肺機能が高めでアスリート向き

◎ 少しの運動でも筋肉がつきやすく代謝が高め

◎ ふくらはぎやお腹など鍛えるほどに筋肉がしっかりつきやすい

◎ 食べすぎるとがっちりと男性的に太ってしまう傾向がある

【気質・性格】

活動的、粘り強い、理論派、責任感が強いが自己主張が強めな面も

【ダイエットのポイント】

筋肉質で代謝が高いけれど、1度脂肪をため込むと、ほかのタイプより脂肪が落ちにくくなるので食べすぎに注意。高タンパクで食物繊維の多い食事を心がけ、早食いをしないこと。朝は主食なしにし、主菜、副菜をしっかり食べて。昼、夜も無理がなければ主食少なめでおかずたっぷりにしてもOK。過度な筋トレは避け、ストレッチや入浴、マッサージなどで筋肉を柔軟に。

TYPE-3

ぽっちゃりな内胚葉タイプの特徴と対策

食べるのが大好きなぽっちゃり体型がこのタイプ。肌に弾力があり、丸みのあるボディラインが特徴。太りやすいけれど、極端な食事制限をするとリバウンドしやすいので、無理にやせる努力をするより太りすぎないことを目指すのがダイエット成功の秘訣。

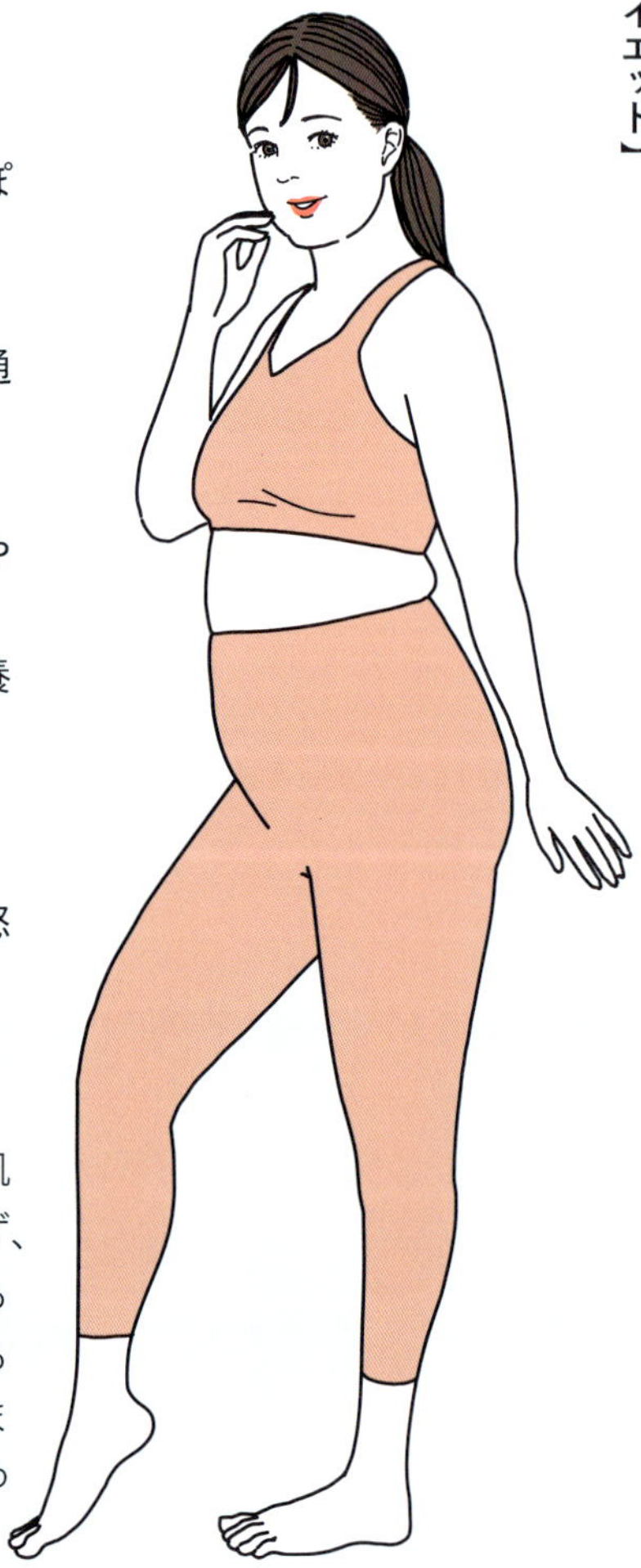

【身体的特徴（肥満型）】

◎ 丸顔か楕円形の顔で、体も骨ばった印象はない
◎ ウエストのくびれは少なく体全体に丸みあるぽっちゃり体型
◎ 腕は皮下脂肪がついて柔らかく短め
◎ 体の中心に脂肪が多いが、手首や足首の骨は普通か細め
◎ 消化管をはじめ内臓が発達している
◎ ホルモンの影響を受けやすく脂肪をため込みやすい
◎ 脂肪が多いため、体の表面は冷えにくいが、栄養摂取がアンバランスになると深部は冷えやすい

【気質・性格】

明朗型、抑うつ型、社交的、世話好きで温和だが、怒りやすい面も

【ダイエットのポイント】

食べるのが大好きなので主食を抜くとイライラや飢餓感が強くなりリバウンドの原因に。主食は抜かず、もち麦や雑穀などを加え、おかずも腹持ちのよいものにしてゆっくりよく噛んで食べること。おやつも抜くのでなく糖質や脂質が多いものを避け、さつまいもや甘栗など自然の甘みがあるものを選んで。ゆるめの運動や有酸素運動とともに筋トレも習慣に。

COLUMN

2

アラ50からの お酒との付き合い方

アルコールの分解・解毒効果のある栄養素をおつまみでとって

「酒は百薬の長」と言われていましたが、近年この説は覆されました。2018年に医学雑誌『THE　LANSET』に「世界195カ国で飲酒に関わるリスクを検証した結果、健康への悪影響を最小化するなら飲酒量はゼロがよい」と結論付けた論文が載ったのです。また、「赤ワインはポリフェノールが豊富だから体によい」という説もありましたが、実はアルコールの害を上回るだけの抗酸化効果はなかったという仏国立の研究所からの報告も。そして日本の厚労省では過剰な飲酒による健康障害への注意喚起を目的に、これまでしていた1日の適切な飲酒量の公表を取り止めました。つまり飲酒の悪影響から身を守るのは自分次第となったのです。50代になってから、お酒に弱くなった、酔いやすくなったという人をよく聞きますが、アルコールの分解力にはもともと個人差があり、エストロゲンの減少や加齢による体内の水分量の減少などが原因でも分解力は低下します。それでもこれからも長くお酒を楽しみたい人は、休肝日を設けながら、アルコール分解に必要なビタミンCやグルタチオン、肝機能の修復を助けるBCAA、飲酒で消費されやすいビタミンBや亜鉛、カルシウムなどの補給を心がけてください。

NOT TO DO LIST

やめる

更年期に多い 自律神経の乱れを起こす「がんばりすぎ」

Stress Care

更年期世代は、急激に女性ホルモンが減ることから、体に不調が起きたり、自律神経の乱れからイライラや落ち込み、うつなどメンタルの不調も起きやすくなります。それに加えて仕事で重要な役職に就いたり、親の介護や死別などさまざまな問題に直面しやすい世代でもあるので、ストレスも増えてしまうからやっかい。ヒトの体ではストレスを受けると、コルチゾールという抗ストレスホルモンが分泌されます。このホルモンはストレスから体を守る役割がありますが、過度に分泌されると、疲労、肥満、睡眠障害、免疫力の低下、血圧や血糖値、コレステロール値の上昇、集中力や記憶力の低下など体にさまざまな悪影響を及ぼします。

これを防ぐためにも、大切なのが日々のストレスケア。もちろんストレスの根本原因を解決できれば理想的ですが、周囲の環境などすぐには解決できないこともあります。そんなとき、何でも自分一人で抱え込んでしまうと、ストレスは強まるばかり。50歳からは「がんばらない」ことも大事。完璧主義になりすぎず、人に頼れる部分は頼り、手放せる気がかりは減らしてストレスを上手にコントロールしましょう。

また、ストレスには体からアプローチするのもおすすめ。まずはストレスに対抗するために必要な栄養素の補給を。また、アロマテラピーやマッサージ、呼吸法など、ちょっとしたアクションでも体の緊張をほぐすことができ、するとメンタルバランスも整いやすくなります。ストレスがあると、呼吸が浅く、短くなりやすいですが、この状態では心身がリラックスしません。しっかりと息を吐ききったら、静かにゆっくり息を吸い、肋骨を大きく広げるように息を吸いきったら、ゆっくり吐く。この呼吸を繰り返すだけでストレスリリースになります。

TO **DO** LIST

はじめる

ストレスに対抗してくれる
若返りホルモンDHEA、ビタミンB群を積極摂取

#ストレス対策

ストレスに対抗するために意識してとりたいのが、ＤＨＥＡ（デヒドロエピアンドロステロン）という天然のステロイドホルモン。性ホルモンの材料になるもので、ストレスに対抗する力をつけたり、やる気を高めたり、認知機能維持、肥満予防、免疫力アップなど多くの作用がある「若返りホルモン」です。ＤＨＥＡは残念ながら加齢とともに減っていきます。海外ではサプリメントとして認可されている国もありますが、日本では未認可です。ただ、自然薯《じねんじょ》に含まれる成分がその代用になるので、おすすめ。

もうひとつストレス対策として必要なのがビタミンＢ群。中でもナイアシンやビタミンB_1、パントテン酸は、自律神経のバランスの維持や心身の疲労回復に不可欠。不足するとイライラや不眠の原因にも。糖質過多の人、偏食気味の人、飲酒の習慣がある人、ピルを常飲している人は特に不足しやすいので注意しましょう。

身近な食品でストレス対策

ストレスに対抗するために必要なDHEAや、ビタミンB群は、身近な食品からとることができます。ストレスが多いと感じている人は食事に取り入れましょう。

DHEAと似た成分を含む自然薯《じねんじょ》・山いもを食事に取り入れる

自然薯には、DHEAの前駆体《ぜんくたい》であるディオスゲニンという成分が含まれ、とると体内のDHEA量が増えます。自然薯が手に入らない場合は、山いもでもOK。とろろにすれば手軽にたっぷりとれるので、食事に取り入れましょう。

不足しやすいビタミンB群は、まず食事から意識的にとって

不足するとメンタルの不調が起きやすくなるビタミンB群。ナイアシンはレバー、赤身肉、かつおなどに、ビタミンB1は玄米や納豆、卵黄などに、ビタミンB12はレバーや牛肉、豚肉などに、パントテン酸は納豆やピーナッツ、さけなどに多いので意識してとって。

TO **DO** LIST

はじめる

自律神経の乱れを整え ストレスの影響を軽くする

#みぞおちマッサージ

自律神経には、心身を活動モードにする交感神経と、高ぶる神経を鎮めリラックスモードにする副交感神経があり、どちらも高すぎたり低すぎたりしないよう、バランスを維持することが大切。ストレスが強くなると交感神経が過剰に優位になり、呼吸に連動する横隔膜の動きが悪くなって呼吸が浅く短くなり、腹部はガチガチに固くなります。そこでおすすめなのが次ページの呼吸法とマッサージ。副交感神経が優位になり心身がリラックスします。みぞおちのあたりが固くなっていたら、この方法でリセットを。

呼吸が深くなる太陽神経叢《たいようしんけいそう》（みぞおち）マッサージ

太陽神経叢は自律神経の要となる部分。押して固さや痛みがある人はストレスが強いサイン。また、横隔膜は呼吸で使われる筋肉で、強いストレス下では、息を吸ったときにうまく広がらず浅い呼吸しかできなくなります。以下の方法を1日に2〜3回行うと腹部の緊張が取れて呼吸がラクになり、自律神経が整います。

深く吸って吐いて横隔膜ほぐし

肋骨に両手を添えて、鼻からゆっくり息を吸い、お腹を風船のようにふくらませる。吸いきったら3秒キープ。次に、おへそを背中に近づけるイメージで口から一気に息を吐ききる。

みぞおちに指を入れ込みほぐし

呼吸が整ったら両手の親指以外の指の先をみぞおちに当て、吐く息に合わせて少しずつ深く押していく。硬くて深く押せなくても繰り返すと深く押せるように。右ページのように寝て行ってもＯＫ。

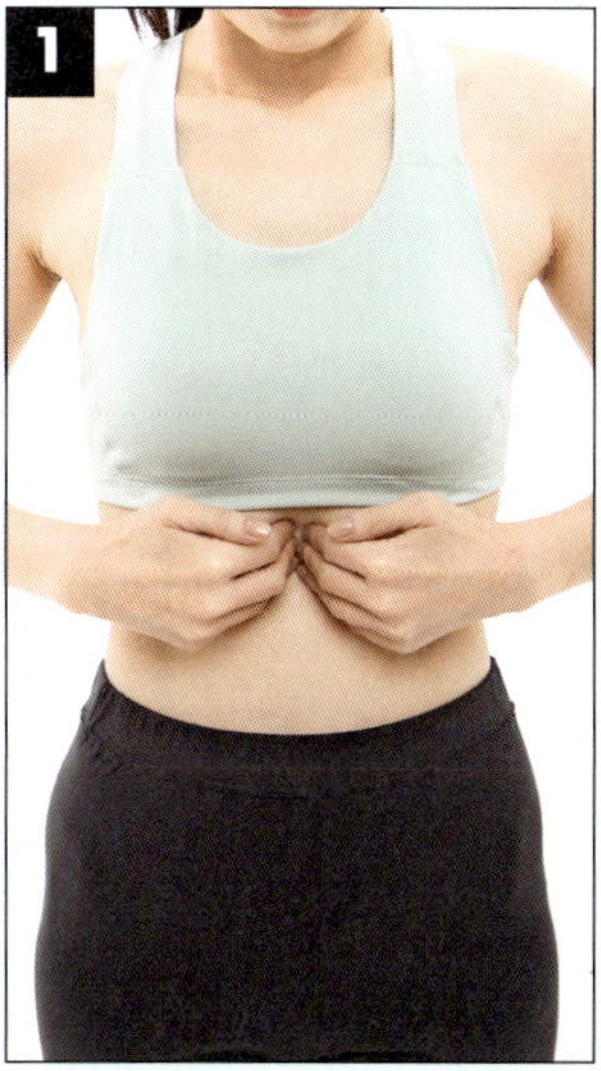

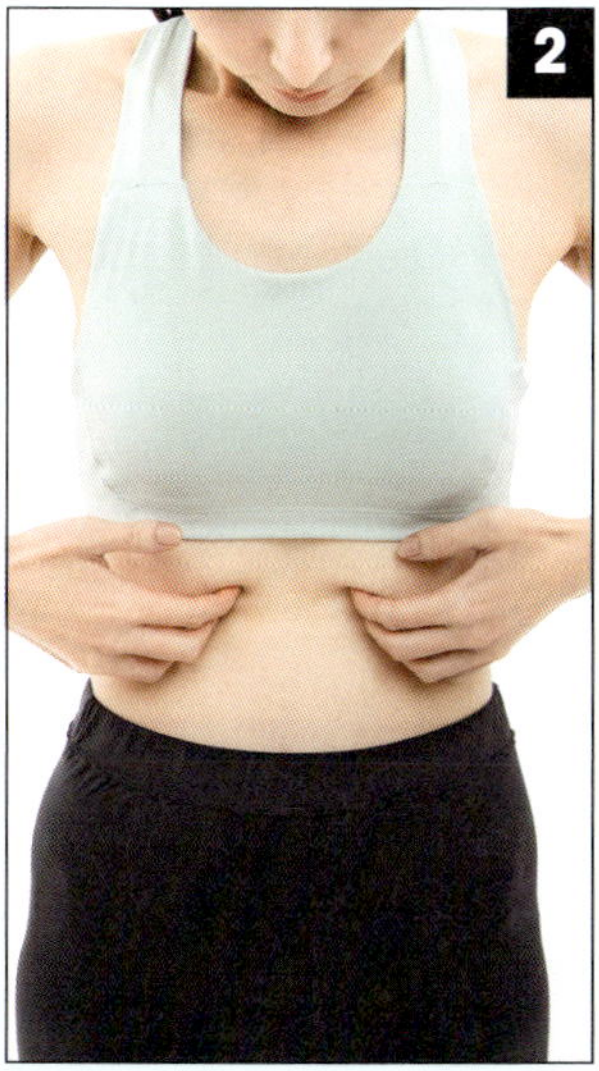

アロマの力で自律神経を整える

手軽に自律神経を整えられる方法がアロマテラピー。おすすめは、α-ピネンやフィトンチッドなどの有機化合物を含む森林の香り。これらはストレスホルモン、コルチゾールを低下させ、呼吸を穏やかにしたり、うつっぽさを改善する作用があります。そのほか、幸せホルモンと呼ばれる「セロトニン」を刺激するリナロールやシネオールなどの成分が含まれる香りも効果的。お部屋に取り入れてみて。

幸せホルモンを刺激する成分（リナロール、シネオールなど）が含まれる精油

クラリセージ ［*clary sage*］
ラベンダー ［*lavender*］
プチグレイン ［*petitgrain*］
スイートオレンジ ［*sweet orange*］
ベルガモット ［*bergamot*］
メリッサ ［*melissa／lemon balm*］
ネロリ ［*neroli*］

森林浴効果成分（フィトンチッドやα-ピネン）などが多く含まれる精油

ヒノキ ［*Japanese cypress*］
サイプレス ［*cypress*］
ジュニパーベリー ［*juniper berry*］
乳香（フランキンセンス／*frankincense*）
など

入眠効果や心を穏やかにする作用がある精油

クラリセージ ［*clary sage*］
ラベンダー ［*lavender*］
マージョラム ［*marjoram*］
ネロリ ［*neroli*］
サンダルウッド ［*sandalwood*］
ローズゼラニウム ［*rose geranium*］
など

女性ホルモンのバランスを整える精油

ローズゼラニウム ［*rose geranium*］
クラリセージ ［*clary sage*］
ローズ ［*rose*］
ラベンダー ［*lavender*］
イランイラン ［*ylang-ylang*］
など

COLUMN 3

「食が細くなってきた」にご用心

「食が細くなってきた」のもストレスのせいかも

もう年だからあまり食べられない…………。こんな食欲不振の理由を年のせいにしていませんか？　確かに加齢とともに食が細くなる人が多いのは事実ですが、一方で、80歳を超えても食事量が変わらず天ぷらや焼き肉も好んで食べる人もいます。ですからあまり食べられないのは年のせいとは限りません。消化吸収をスムーズに行うための第一ステップは唾液による消化ですが、唾液腺は自律神経に支配されていて、ストレスによって交感神経が優位な状態だと唾液の分泌量が減ってしまいます。その結果、消化不良を起こし食欲不振を招くことも。最近、食が細くなったという人は、まずはストレスケアをしてみましょう。また、心身の不調が増す更年期世代には、睡眠薬や、頻尿や尿もれ対策の薬、血圧降下剤などを飲んでいる人も少なくないと思いますが、これらの薬には唾液量が減少する副作用が報告されているものも。思い当たる人は医師に相談を。そのほか、更年期以降の女性の発症率が高い「シェーグレン症候群」でも唾液量が減りますし、ストレスなどが原因で起こる「機能性ディスペプシア」は胃もたれなどを招きます。食欲不振を年のせいにせず、ほかに原因がないか考えてみて。

NOT TO DO LIST

やめる

寝る直前の入浴、スマホ…
交感神経を刺激することは×

Stress Care

50代女性からの相談が多いのが睡眠障害の悩みです。ベッドに入ってもなかなか寝つけない入眠障害や、夜中に目を覚ましてしまう中途覚醒、明け方に目覚めてしまう早朝覚醒などさまざまで、その原因にも女性ホルモンの減少による自律神経の乱れが関わっています。睡眠には内臓や肌、脳、神経系など体のすべてを修復する作用があるので、良質の睡眠をとることはとても大切です。そのためには寝る前に副交感神経を優位にすることがポイントなのですが、夜遅くまでスマホを見るなど、交感神経を優位にすることをしている人が多数。また、高温での入浴も交感神経を優位にしてしまいます。寝る1時間半ほど前に38～40℃程のぬるめでの入浴するほうがおすすめです。また、高ぶる神経のオフにと寝酒をするのもNG。アルコールの解毒のために心身が活動モードになって熟睡できず、疲れも抜けなくなるので避けましょう。

HOW TO

はじめる

自律神経を整えて眠りの質を高める

起床時間を一定にし、起きたら朝日を浴びると、体内リズムが整い、夜に眠りを誘うホルモン「メラトニン」が分泌されやすくなります。また、日中は運動をして体の循環をよくすること。メラトニンの原料になるアミノ酸のグリシンやトリプトファンのほか、自律神経のバランスを整えるのに必要なビタミンB群、天然の精神安定剤と呼ばれるカルシウムも意識してとって。

HOW TO

1

枕に頭をつけたら微笑んでみる

ネガティブなことを考えて眠れないときは口角を引き上げて微笑んでみましょう。そうするだけで自然と心がゆるみ、優しい気持ちに。

2

眠りホルモンメラトニンの材料をとる

グリシンやトリプトファンは、まぐろやホタテ、イカなどの魚介類や、鶏手羽元、骨つき豚肉などに豊富なので取り入れましょう。

NOT TO DO LIST

やめる

足腰の痛み、衰えを年齢のせいにする

Leg Care

50代になると、体が硬くなって関節の動きが悪くなったと感じる人が増えますが、それを「年のせい」と決めつけていませんか？　実は必ずしもそうではありません。骨や関節に異常がない限り、骨と骨を連結させる筋肉や腱のほか、滑膜《かつまく》など結合組織の伸張性の低下や硬化が大きな原因で、それを招くのは運動不足です。腱は筋肉と骨を、靭帯《じんたい》は骨と骨とをつなぐ強靭な紐。この紐が柔軟に伸び縮みしてくれれば関節の可動域は広がります。そしてそのために必要なのがストレッチなどの運動の習慣化です。運動習慣がある人とない人では、年齢を重ねるほど大きな差が生まれます。関節の可動域が広がれば瞬時に転倒を避けられ、ケガのリスクも関節の痛みも大幅に減らすことができます。次ページから自分の足・脚の状態をチェックする方法、ストレッチやマッサージをご紹介するので、取り入れて足・脚の健康を保ちましょう。

HOW TO

はじめる

自分の足裏（靴底）や脚の状態をしっかり観察してからケア

平坦な道でつまずいたり、転んで骨折をしたり、小走りした瞬間に足をくじいたりといったトラブルが50代以降増えてきます。足首や足指の関節が硬い、疲れたときや朝方に足がつる、ひざ下のむくみが強いなどという人は、足・脚の状態が衰えている可能性大。私は長年、多くの方々の足を観察していますが、足からは多くのメッセージが読み取れます。足・脚のトラブル予防の第一歩は、今の状態を把握して症状に応じた対策をとることからです。次ページで足裏やひざ下の筋肉や腱の状態をまずはチェックしてみて。

HOW TO

1

靴底や足の状態を観察

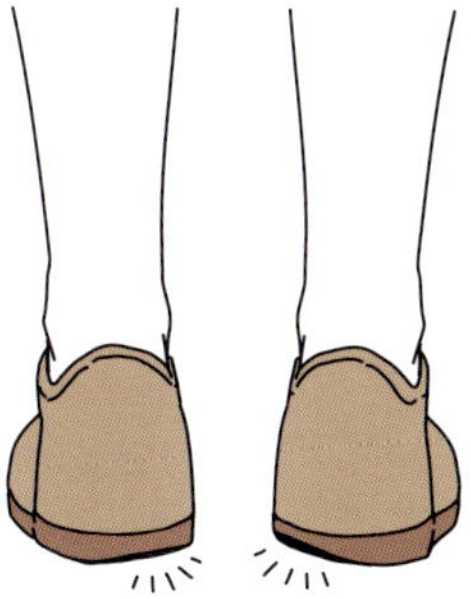

靴底をチェックして、内側か外側どちらかが偏ってすり減っていたら姿勢や歩き方に問題があったり、筋肉の状態に問題がある可能性が。

2

脚の力をチェック

ふくらはぎを触って、むくみや硬さがないかをチェック。また、アキレス腱も硬くなりやすいので、硬さをチェックしてみて。

足裏のタコの位置をチェック

Ⓒにタコがあるのはつま先のきつい靴やハイヒールでの締めつけが原因。特に親指よりほかの足指が長い人は親指での蹴り出しができず、外反母趾になったり、アーチの崩れも招きやすい。足の形に合った靴選びを。

Ⓓにタコがある場合、脚力が弱く後ろ体重で歩くクセがあるか、腹筋が弱く、上半身の姿勢が悪い可能性が。乾燥が原因の角質肥厚の場合も。足を引きずって歩く人もここが硬くなりがち。普段の姿勢や歩き方を見直して。

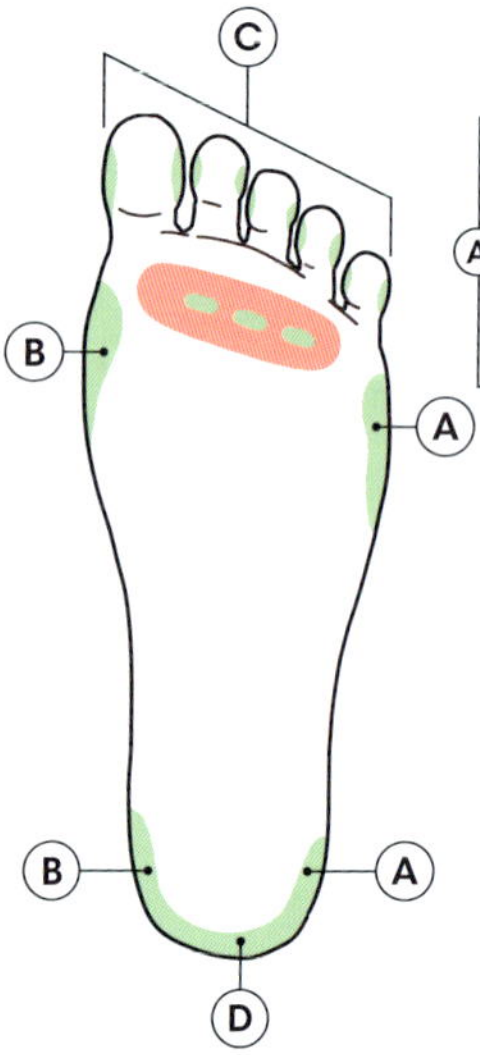

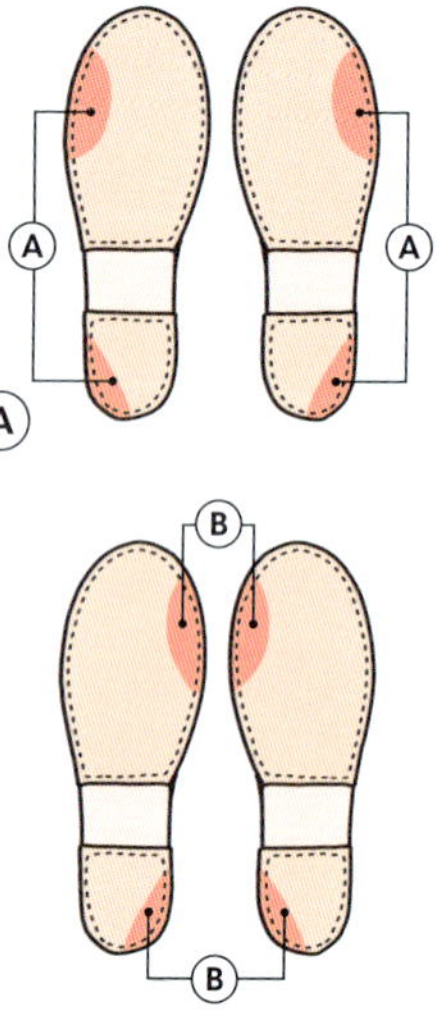

Ⓐにタコがあったり、Ⓐの減りが強い人は、親指を使って蹴り出す正しい歩行ができていないサイン。重心が安定せず転倒の原因にも。タコをケアし、正しい歩き方を心がけて。

Ⓑが硬くなっていたり、Ⓑの減りが強い人は足裏のアーチが崩れていたり、すねの筋肉が硬くて正しい歩行ができていない状態。足が疲れやすくひざや腰への負担も大。 太ももの筋力低下は症状の悪化を招くのでスクワットを習慣に。

かかと～ひざ下エリアもチェック

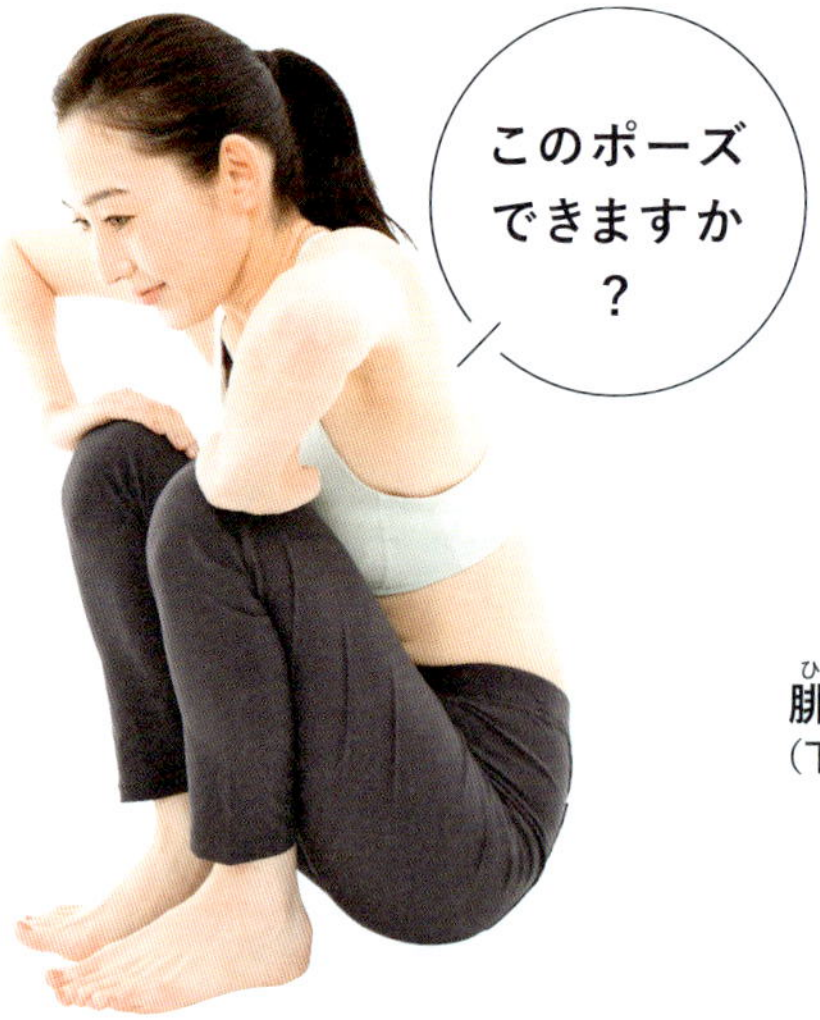

足裏全体を床につけてしゃがめますか？　ひざに体重をのせてもかかとが浮かず安定していますか？　できない人はアキレス腱やひざ下の筋肉が硬い状態。P125、P126の脛骨筋マッサージやふくらはぎほぐしを。

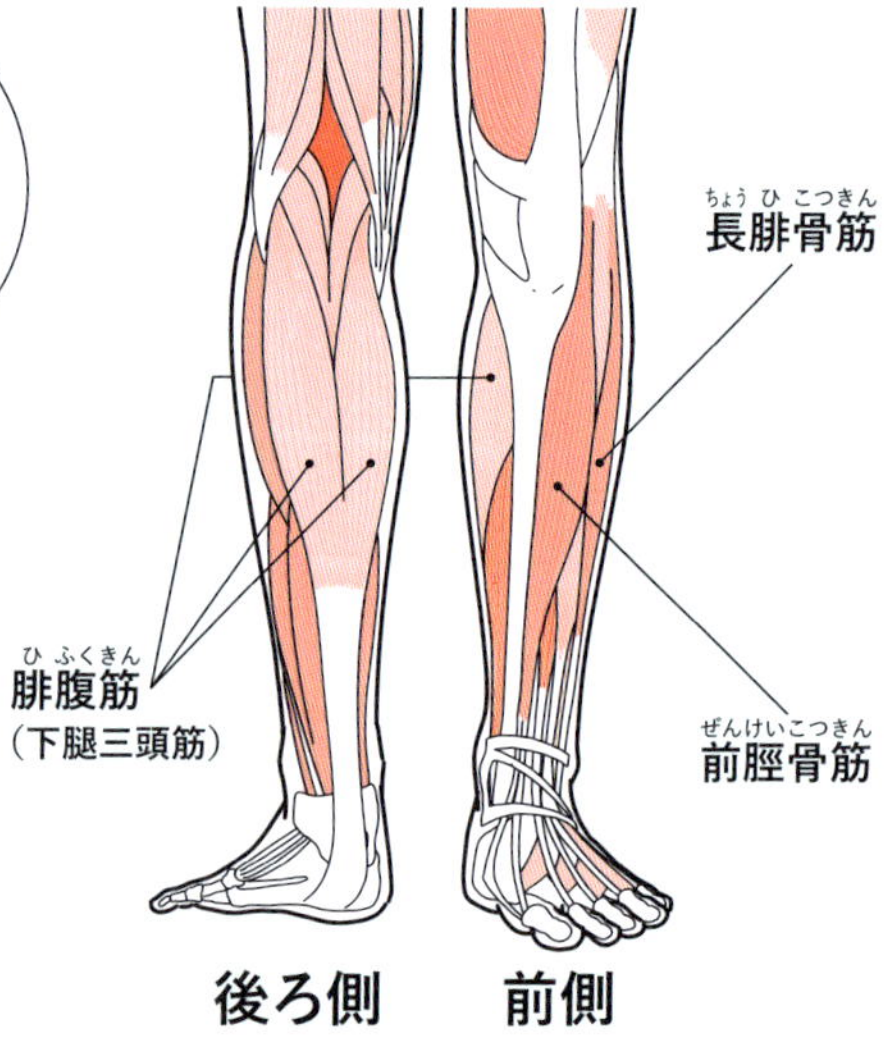

上記で示したひざ下の筋肉は、硬くなりやすく、柔軟性が失われると転倒しやすくなり、ケガや骨折の原因に。また歩行にも悪影響が。P125～P126の方法で柔軟に保ちましょう。

HOW TO

足と脚の衰え予防&痛み軽減
お風呂ストレッチ&マッサージ

硬くなりやすいひざ下の筋肉と、アキレス腱の柔軟性を高めるストレッチやマッサージをご紹介。転倒予防や足・脚の健康維持に効果的。

脛骨筋伸ばし

湯船の中で正座し、左手で左ひざを持って引き上げ、左足の甲〜すねが伸びるのを感じて10秒キープ。反対側も同様に。左右各3回。

しゃがんで前後に揺れる

湯船の中でしゃがみ、かかとを浮かさずに前後に体を揺らす。これを繰り返す。しゃがめない人も、お湯の中ならやりやすいはず。

湯船の側面に足をつけて押す

湯船の中で両膝を曲げ、左足裏を湯船の側面につけて左手で左のつま先を手前に引き20秒キープ。次に元に戻す。左右各2回。次に、左ひざをなるべく伸ばして同様に。

HOW TO

足と脚の衰え予防&痛み軽減
お風呂ストレッチ&マッサージ

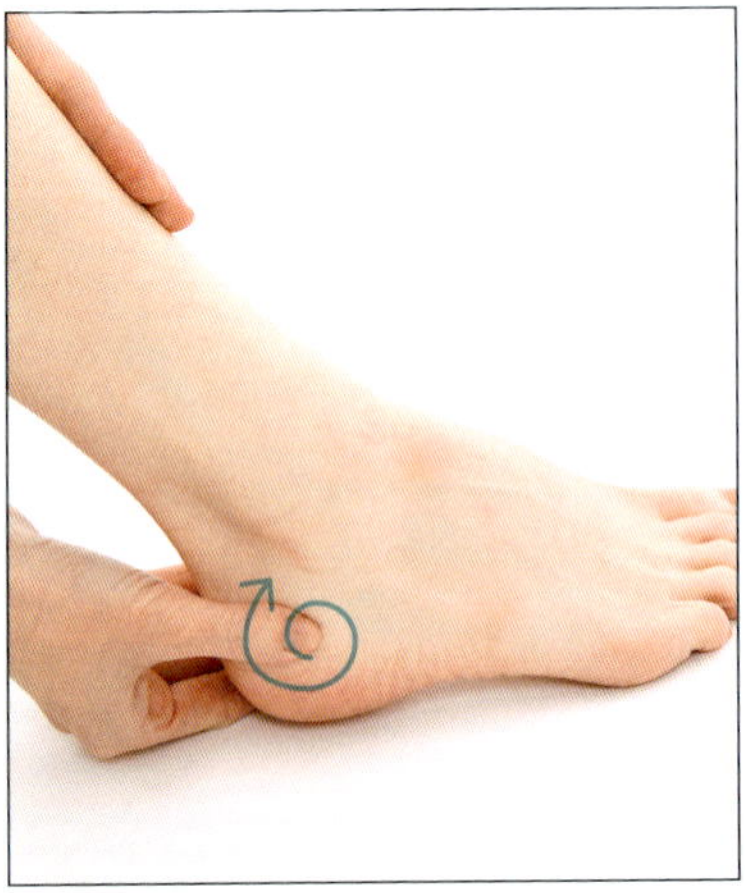

かかとマッサージ

かかとの外側に片手の親指の腹を当て、クルクルと円を描くように押しほぐす。かかとの内側も同様に。左右とも行う。

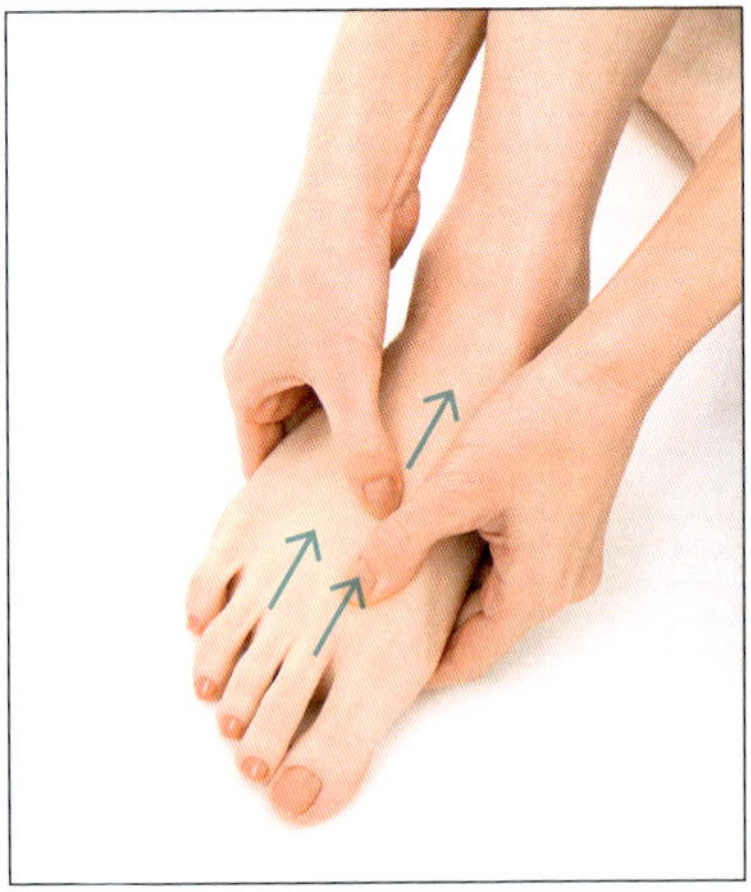

足の甲と指間ほぐし

片方の足の指と指の間を左右の手の親指の腹で足首のほうへ交互にさすってほぐす。全指の間を甲の上部、下部と分けて左右とも行う。

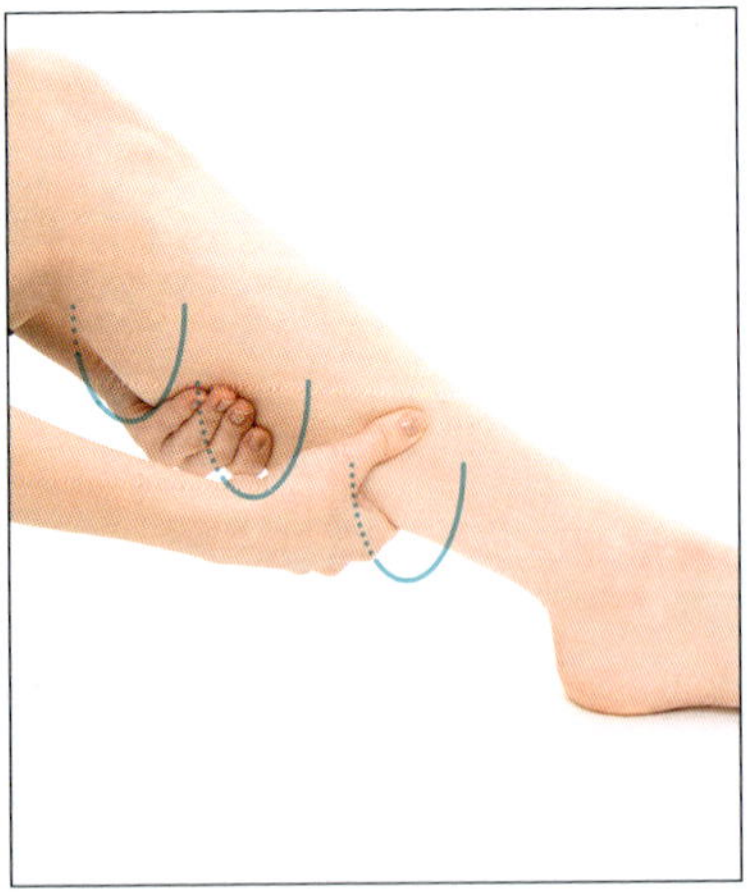

ふくらはぎほぐし

両手を使ってふくらはぎ全体をしっかり握り、グイグイと下から上に向かって強めにほぐす。左右とも行う。

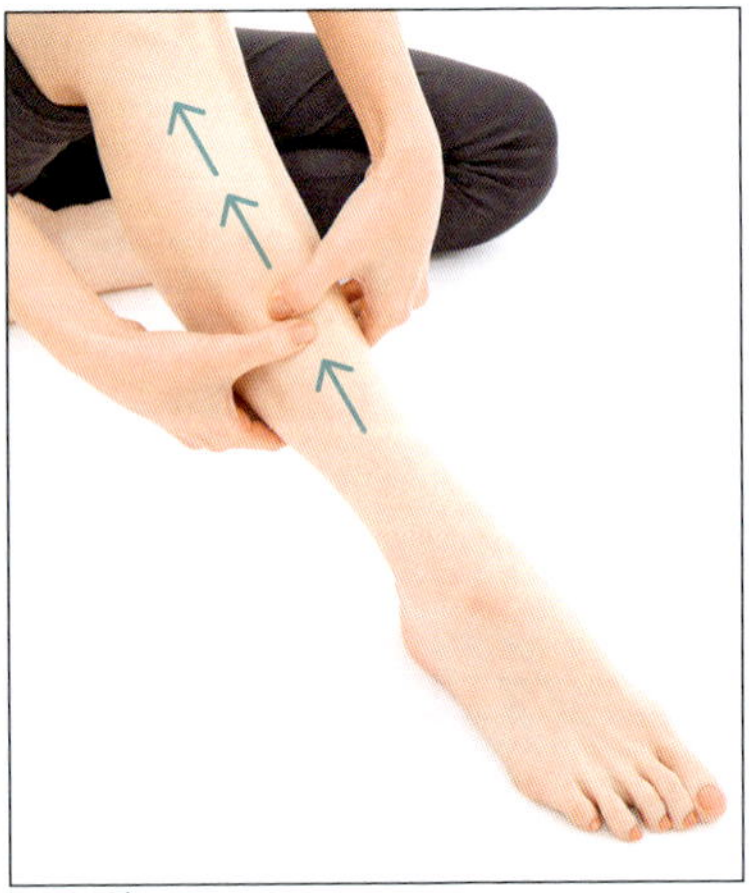

脛骨《けいこつ》筋マッサージ

左右の手の親指の腹を重ねて片方のすねの骨に当て、深めに押しながら強くほぐす。すねの下から上まで行って。左右とも行う。

50歳以降多くなる「こむら返り」は内側からも対策を

加齢とともに、睡眠中や疲れたときなどにふくらはぎがつる、「こむら返り」が起きやすくなります。これは筋肉の収縮と弛緩のバランスが崩れるためで、その原因のひとつが、冷えや運動不足、筋力低下などからくる血行不良です。また筋収縮に関わるマグネシウムなどのミネラル不足も原因のひとつとして考えられます。まずは、適度な運動を習慣にしたり、冷房のきいた部屋では、足と脚を冷やさないように注意を。また、右ページのふくらはぎほぐしは、血行を促し、足のつりの予防にも効果的。下記のレッグエマトーンジェルでのマッサージもおすすめです。普段の食事でマグネシウムとカルシウムの摂取も心がけてください。小魚や海藻、納豆などならこれらを一緒にとることができます。こむら返りが頻繁に起きる人は、マグネシウム＆カルシウムをサプリメントで補うのもおすすめです。

【おすすめ】サプリメント＆マッサージジェル

カルシウム＆マグネシウムがまとめてとれるサプリ

カルシウム＆マグネシウム、ビタミンDをバランスよく配合したマルチミネラル。有害物質や残留農薬の厳格なテストに合格した安心の原料を使用。カルマグ7 180粒 ￥6696／サロン・ド・メリッサ

疲れた脚の重だるさやむくみをリフレッシュ

濃厚なハーブエキス成分の作用で疲れた脚の重だるさやむくみを取りスッキリとリフレッシュ。ポールシェリー レッグエマトーンジェル 200ml ￥8250／ピー・エス・インターナショナル

TO **DO** LIST

はじめる

手指・手首の痛みは マッサージ& ストレッチで緩和できる

Hand&Arm Care

更年期で多い悩みのひとつに、手指や手首の痛みがあります。女性ホルモンのエストロゲンには手指や手首の関節や腱の周りの滑膜という組織のはれを抑える働きがありますが、エストロゲンが減少する更年期になるとその働きが低下し、滑膜がはれて炎症が起きやすくなります。すると靭帯がゆるんで関節がグラついたり、軟骨が摩耗したりすることで手指の痛みが起きやすくなるのです。

このような手指のトラブルは、整形外科ではステロイド注射や消炎鎮痛剤、湿布などで治療をします。また、婦人科のホルモン補充療法で改善するケースも。ただ、サロンのお客様の中には、タンパク質やカルシウム、イソフラボンなどの栄養素の摂取を強化したり、手指のマッサージをすることで改善していく方も多いです。マッサージで筋組織や関節を柔軟に保つと、転倒による手首の骨折予防にもつながるので、ぜひ取り入れてみてください。

手と腕の関節柔軟性チェック

両手の5本指を離さず親指と小指を付けられる？

左右の5本の手指の先を合わせたまま、親指と小指をくっつけられるかチェック。くっつけられない人は手指の関節や筋肉が硬い状態。ビンのふたをひねって開けにくくなるおそれも。

合掌したままおへそまで下げられる？

両手のひらをぴったり合わせて、おへそまで下げてみて。下げられない人や、左右の手のひらが離れる人は手首の関節や手指につながる筋肉が硬いサイン。

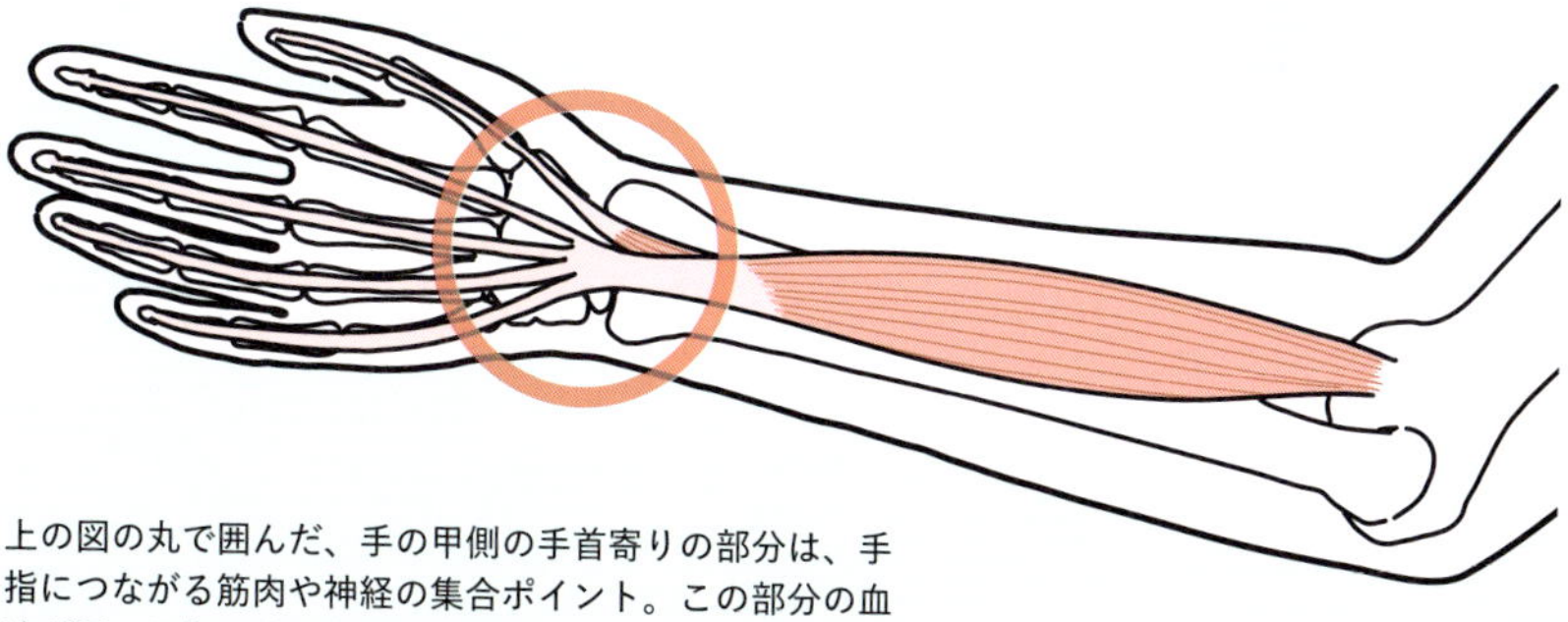

上の図の丸で囲んだ、手の甲側の手首寄りの部分は、手指につながる筋肉や神経の集合ポイント。この部分の血流が悪いと指の痛みや動きの悪さなどのトラブルが生じやすくなります。P131の手の甲さすりや手浴で血流を促しましょう。また、手指の筋肉は腕にもつながっているので、P130の手の三里ほぐしを行ってほぐしましょう。

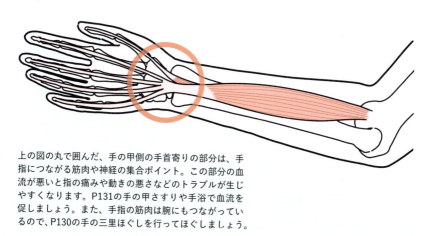

HOW TO

手指・手首の痛み緩和マッサージ&ストレッチ

P129の合掌して行うチェックができなかった人は、以下の4つのストレッチを、P129の5本指を合わせて行うチェックができなかった人は、左ページのマッサージを行って。

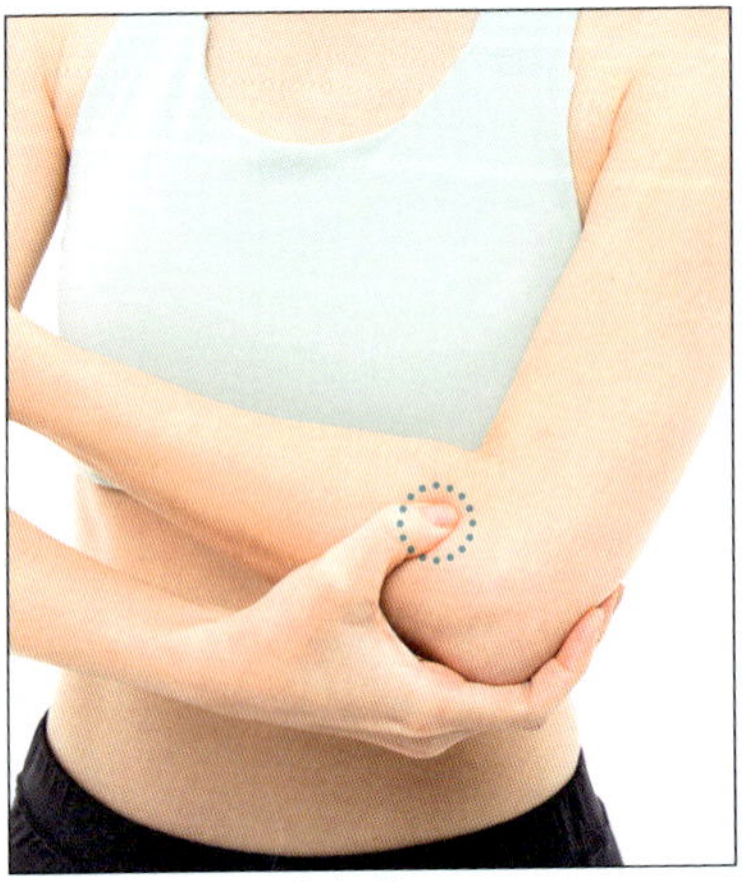

手の三里《さんり》ほぐし

ひじを曲げたときに入るラインの一番外側から、手首に向かって指幅3本のところの手三里のツボあたりをほぐす。左右とも行って。

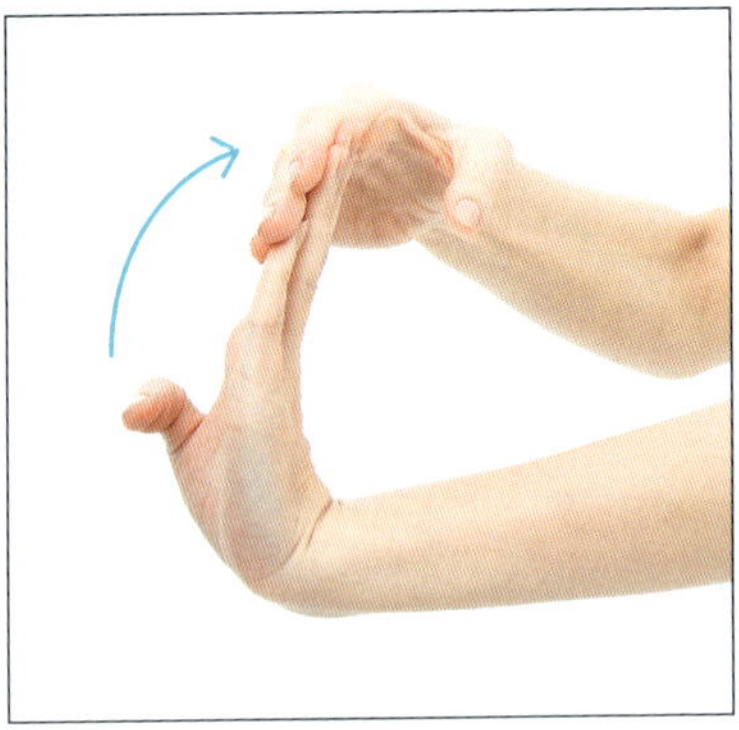

指反らし 腕内側ストレッチ

親指を除く4本指の先に、もう片方の手を当て、付け根から手前に引いて指全体をストレッチ。１度ゆるめて手を握ったら、もう１回行う。反対側も同様に。

思いきり手を振るだけ!

左右の手を思いきり速くブラブラと振る。これを20秒続ける。痛みがあるときは無理に行わないこと。

合掌パタパタ

左右の手指を合わせ、真横に倒す。上側の手指を少しずらして下側の手首をストレッチ。この時、手根は離れてもOK。左右各10回。

手の甲さすり

手の甲の手首寄りの部分（手指につながる筋肉と神経の集合ポイント）を温まるまでさする。手のひら側も同様に。左右とも行う。

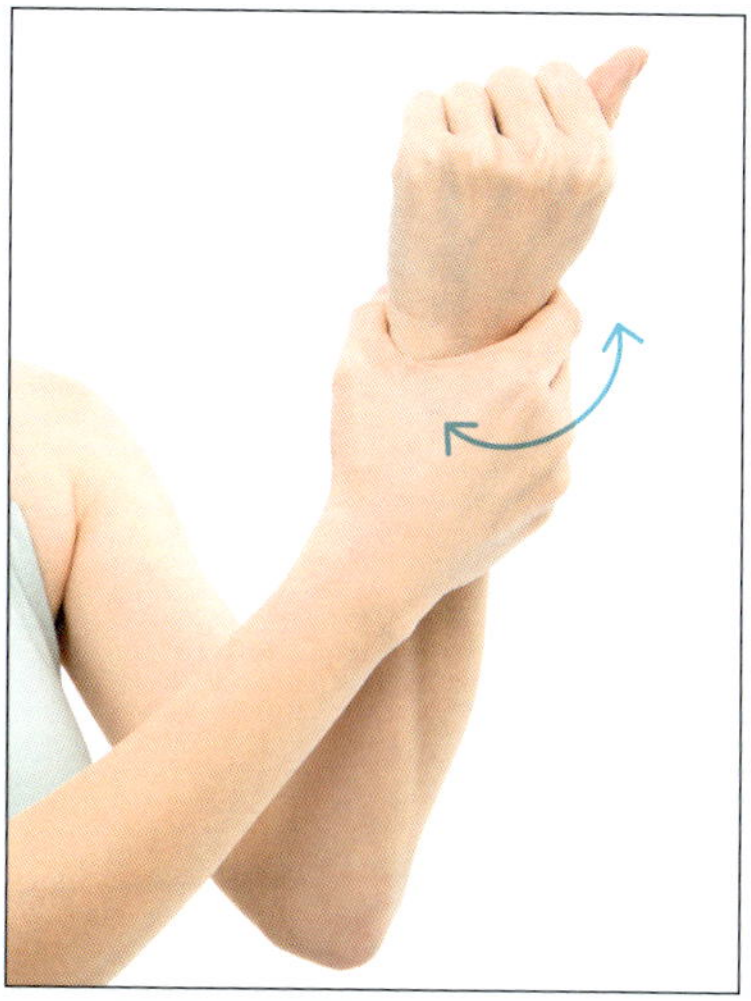

手首蛇口ひねり

片手で反対側の手首をつかみ、キュッキュッとひねる。これを10秒。左右の手を入れ替えて同様に行う。

手浴で部分温めを

手をお湯につけて温める「手浴」は、血行促進効果があり手指のこわばり改善に効果的。洗面器などにお湯を張り、手首までを入れて温めましょう。手が冷えやすい人にもおすすめ。粗塩を大さじ1〜1.5杯入れると温め効果アップ。

ミネラル豊富なブルターニュの海水を使った入浴剤も手浴におすすめ。オリゴメールピュアSP 40g×20包 ￥17930／アブコ

TO DO LIST

はじめる

骨のリモデリングをスムーズにすれば 美と健康の悩みの8割はカバーできる

Body Care

私は日頃のカウンセリングで、「40代からは骨活を！」と声を大にしてお伝えしていますが、その理由は、骨粗鬆《こつそしょう》症は、女性ホルモンが減少しはじめる40代から、特に痛みなどの症状がないままにジワジワ進行してしまうからです。実際、骨折をきっかけに骨密度を検査したら骨粗鬆症がかなり進行していたという方は少なくありません。

骨は常に代謝を繰り返し、古い骨から新しい骨に作り替えられています。この**「骨代謝」を骨のリモデリングとも言います**が、女性ホルモンが減少すると骨が作られる働きより壊される働きが上回り、骨量が減ってしまいます。そのため閉経後は骨粗鬆症になりやすいのです。

ですから50歳からといわず40代から、骨量を増やす「骨活」をはじめていただきたいのですが、その理由はほかにもあります。実は**骨からは「若返りホルモン」とも呼ばれるオステオカルシンという骨ホルモンが分泌されて**

います。このホルモンには、膵臓《すいぞう》に作用してインスリンの分泌バランスを整えたり、脳機能の維持、過剰な脂肪の蓄積抑制、心臓や血管の機能維持する作用があります。この分泌があれば閉経後に生じやすい不眠、高血圧、LDLコレステロールや中性脂肪の増加、認知機能低下やうつなどの病気や不調の予防につながるからです。

私のお客様でも、40代から骨活を積極的にされていた方々は、関節のトラブルはもちろん、更年期症状に悩まされていないことが多いです。逆に普段から、肉や魚、卵などの動物性タンパク質の摂取が少ない人や、海藻や小魚の摂取が少ない人、納豆が苦手な人、甘いものが好きな人、喫煙や飲酒の習慣がある人、運動習慣がない人、早期閉経をした人、骨折しやすい人、紫外線を浴びる機会が極端に少ない人などは、骨粗鬆症のリスクがより高いので要注意。今すぐ「骨活」をはじめましょう。

TO **DO** LIST

はじめる

丈夫な骨を育てるために、“カルマグ”&ビタミンDを

#カルシウム　#マグネシウム　#ビタミンD

骨は、刺激（負荷）を与えることで強くなるので運動は不可欠。かかと落としやウォーキングなどの運動を習慣に。それとともに重要なのが栄養補給です。まず、骨の主成分となるカルシウムは骨の新陳代謝に欠かせません。カルシウムは体内に最も多く含まれるミネラルで、その99%以上が骨に存在していると言われています。体内でカルシウムが不足すると骨を溶かし出して補おうとするため、実際は不足しているのに、血液・細胞中のカルシウム濃度は上がるという逆説現象＝「カルシウムパラドックス」が起きます。これが起きると溶け出したカルシウムがあふれて血管や細胞、骨などに沈着し、関節周囲の石灰化や高血圧、動脈硬化、尿路結石などの病気を招くことも。ですから不足しないよう補うことが大切。また、カルシウムはマグネシウムとバランスを取り合って働くので一緒にとることもポイント。マグネシウムは体内で補酵素

として働くうえ、エネルギー産生や筋収縮、神経伝達制御などの働きも。カルシウムやマグネシウムは、小魚や緑の濃い野菜、海藻、豆類などに豊富。特に納豆は、骨を作るタンパク質や、カルシウムを骨に沈着させるビタミンＫもとれるのでおすすめです。

さらに、**カルシウムの吸収を高め、骨の代謝を調整するビタミンＤも欠かせない栄養素。**免疫の活性化、筋合成促進、関節機能・認知機能の維持など多くの重要な働きもあります。ビタミンＤはさけやいわし、干ししいたけ、卵黄などに多く含まれます。また、ビタミンＤは紫外線を浴びることで体内でも合成されます。そのため皮膚を露出してでも紫外線を適度に浴びるべきともいわれますが、浴びれば浴びるほどビタミンＤの血中濃度が高くなり続けるわけではありません。紫外線への警戒は弱めずＵＶ対策は万全にし、食事からの補給を優先に。

50代の美活Q&A

Q

頬とあご周りに繰り返しできる吹き出物を防ぐには?

A 抗菌力を助ける栄養の補給や腸内環境の改善を

吹き出物や大人のニキビは、汚れや皮脂詰まりが原因の場合より、腸内環境の乱れによる自分の抗菌作用の低下や、ビタミンB群、亜鉛、カルシウム不足などが原因のことが多いです。吹き出物が繰り返しでできる人は、インナーケアを優先すべき。ビタミンA、Cなど抗菌力をサポートする栄養素や、きのこ、海藻など食物繊維の多いプレバイオティクス食品(P101)で腸内環境の改善を心がけて。

Q

美容医療との正しい付き合い方とは?

A 肌の土台力を高めたうえで上手に取り入れて

私のお客様でエステと美容医療をうまく併用されている方は、美容医療だけに頼らず、日々のスキンケアや栄養摂取、運動などもコツコツ行っています。そのため肌の土台力が高いので、治療をした部分としていない部分の差が目立たず、不自然さがなくキレイです。また、治療効果も長続きするので、頻繁に治療を繰り返さずに済んでいるようです。美容医療は、日々のスキンケアや栄養摂取で肌の土台力を高めたうえで上手に取り入れましょう。

Q

更年期障害がひどい。改善するには?

A **短期間、ホルモン補充療法を行うのも選択肢に**

更年期の不調は、体内で女性ホルモンと似た働きをする大豆イソフラボンやエクオール(大豆イソフラボンが腸内で代謝されることで生まれる成分)を、大豆製品やサプリメントでとることで改善することも。効果がない場合は、婦人科のホルモン補充療法(HRT)を取り入れることも選択肢に。ホットフラッシュや不眠などつらい症状が治りやすいので、我慢しているくらいなら短期間だけ取り入れるなどうまく利用を。

Q

レーザーでシミを取ったのに半年ほどで再発。よい対策は?

A **照射後は物理的な保護とインナーケアの強化を**

レーザーで取ったシミが再発しやすいのは、レーザーによる刺激を修復するために色素細胞が活性化し、メラニン色素が勢いよく増すから。再発を防ぐためには照射後、最低半年は物理的な保護とインナーケアの強化を。紫外線が強い日の長時間の外出時や、強い紫外線が差し込む室内などでは、照射した部分に専用テープを貼るなど保護をしましょう。また、皮膚の土台づくりに関わるタンパク質、ビタミンA、B6のほか、細胞分裂に関わる亜鉛やビタミンDを意識してとりましょう。

Q

良質なサプリメントを選ぶポイントは?

A **すべての成分名や配合量が明記されているものを選ぶ**

日本製のサプリメントは、栄養成分表示が義務づけられていて、1粒中や1袋中のカロリー、タンパク質量、脂質量、炭水化物量、ナトリウム量(食塩相当量)は必ず記載されています。ただ、ビタミンなど、それ以外の成分表記は義務づけられていないので、すべての成分名や配合量が記載されている製品を選ぶのが望ましいです。また、とりたい成分以外に余計な添加物が多く含まれていないかもチェックし、なるべく少ないものを選びましょう。サプリメントメーカーとしての実績など信頼性のある会社の製品を選ぶこともポイントです。

Q

やせ老けしたくないけれど、食事がたくさんとれない。対策はある?

A **MCTオイルやココナッツバターをとるのがおすすめ**

食事量が少ないとエネルギーが不足し、体内のタンパク質が奪われ、筋肉が落ちてしまい、やせ老けの原因になります。こういう人におすすめなのは、MCTオイルやココナッツバターをこまめにとるとよいです。これらは体ですぐにエネルギーとして使われ、体のタンパク質が奪われるのを防げるので、やせ老け予防になります。MCTオイルやココナッツバターは内臓脂肪にもなりにくいのでおすすめ。

一目でわかる

主な栄養素と美容・健康効果、多く含まれる食品

マグネシウム

心機能維持、精神安定、血圧維持、タンパク合成

●海藻 ●いんげん豆
●がんもどき
●さば水煮 ●玄米
●アーモンド
●カシューナッツ
●黒砂糖
●ほうれん草
●バナナ

カルシウム

骨・歯・心筋の健康維持、精神安定、不眠緩和

●煮干し
●かたくちいわし
●めざし ●ししゃも
●しらす干し
●さけ（中骨水煮缶）
●桜えび（干し）
●大豆水煮缶
●木綿豆腐

カルニチン

脂肪燃焼、筋肉維持、疲労回復、心機能維持

●羊肉
●牛ステーキ
●鶏レバー
●鶏むね肉
●たら ●かつお
●赤貝 ●あさり
●たこ

タンパク質

皮膚・爪・髪・全臓器、筋肉、神経、ホルモンの健康維持・栄養吸収

●全卵 ●豚ヒレ肉
●豚もも肉（脂肪なし）
●鶏ささみ
●鶏もも肉
●牛ランプ（赤身）
●高野豆腐 ●湯葉
●白子 ●納豆
●がんもどき

ナイアシン

神経系の健康、記憶力・集中力維持向上、アルコール代謝

●かつお
●かつお節
●鶏ささみ
●鶏卵
●レバー
●モツ
●魚 ●小麦胚芽
●玄米

ビタミンB2

皮膚粘膜、口内の健康、脂質、タンパク質代謝

●レバー ●鶏卵
●干ししいたけ
●アーモンド
●キャベツ
●納豆
●のり
●玄米
●うなぎ

ビタミンB1

心身の疲労回復、コレステロールや中性脂肪の低下

●レバー
●モツ ●卵黄
●大豆製品
●ライ麦
●赤身肉
●かつお
●そば

ビタミンE

血液循環促進、抗酸化作用、ホルモンバランス

●小麦胚芽油
●大豆油
●紅花油
●オリーブ油
●グレープシード
●大豆 ●卵
●アーモンド
●芽キャベツ

EPA＋DHA

抗酸化作用、血管強化、血液循環促進

●さば
●くろまぐろ
●さんま
●ぶり
●まいわし
●ギンさけ
●すじこ
●いくら

イソフラボン

ホルモン・コレステロールバランス、骨そしょう予防

●木綿豆腐 ●豆乳
●納豆 ●大豆
●湯葉 ●厚揚げ
●がんもどき
●きな粉
●豆もやし

グルタチオン

抗酸化作用、解毒作用

●レバー ●マダラ
●肉類 ●まいたけ
●ブロッコリー
スプラウト
●アボカド
●ほうれん草
●キャベツ ●玉ねぎ

アルファリポ酸

抗酸化作用、血管強化、ビタミンC再利用

●レバー
●ハツ
●牛肉
●ほうれん草
●トマト
●かぼちゃ
●ブロッコリー
●がんもどき

ビタミンD

カルシウム吸収促進、免疫維持、糖尿病予防、骨粗鬆症予防

●さけ　●うなぎ
●さば水煮缶
●いわし　●にしん
●さんま　●あじ
●しらす干し
●干ししいたけ
●まいたけ

ビタミンA

抗酸化作用、血管強化、血液循環の促進

●レバー
●魚肝油
●うなぎ　●魚油
●卵黄
●にんじん
●パセリ
●かぼちゃ
●モロヘイヤ

亜鉛

神経系、生殖機能、免疫系の維持向上、タンパク合成

●かき
●大豆製品
●ライ麦
●山いも
●しょうが
●そば
●レバー　●羊肉
●魚介類　●卵類

ヘム鉄

酸素運搬、赤血球合成、イライラ、うつの緩和

●レバー　●赤身肉
●あさり水煮缶
●しじみ
●かき
●赤貝
●カツオ
●まぐろ
●さんま

ビタミンC

抗酸化、免疫維持、抗ストレス、鉄吸収促進

●キウイ　●柑橘類
●芽キャベツ
●菜の花
●ブロッコリー
●カリフラワー
●赤ピーマン
●青菜類
●じゃがいも
●さつまいも

ビオチン

毛髪や皮膚の健康、脂肪の分解や代謝

●いわし
●レバー
●モツ
●卵黄
●大豆製品
●玄米
●オートミール

パントテン酸

抗ストレス、不眠、不安の緩和、脂質や糖質の代謝

●納豆
●ピーナッツ
●サーモン
●小麦胚芽
●マッシュルーム
●緑黄色野菜
●大豆製品

ビタミンB6

タンパク質の吸収、皮膚、神経系の健康

●レバー
●まぐろ
●にんにく
●鶏卵
●納豆
●ピーナッツ
●くるみ　●キャベツ
●玄米　●大豆製品

不溶性食物繊維

便量を増やし便秘改善、肥満予防、美肌効果

●コンニャク
●きのこ類
●大豆製品
●モロヘイヤ
●さつまいも
●さといも
●切り干し大根　●アーモンド
●ごぼう　●大根

水溶性食物繊維

免疫維持、肥満予防、腸内発酵で整腸作用

●ワカメ
●昆布
●押し麦
●れんこん
●キャベツ
●大根
●きくらげ　●玉ねぎ
●らっきょう　●にんにく

ルテイン・βカロチン ゼアキサンチン

眼精疲労、眼病予防、美肌・抗酸化作用

●モロヘイヤ
●ケール
●あしたば
●小松菜
●かぼちゃ
●アボカド
●赤じそ　●芽キャベツ
●ほうれん草

おわりに

今ではインターネット、ＳＮＳなどさまざまなところから簡単に美容情報は得られるようになりました。そんな中、この本を手に取って、そして最後までお読みいただき本当にありがとうございます。世の中にあふれている多くの情報の中、〝正しい〟とされる情報であっても、あなたの今にはふさわしくないこともあります。だからこそ、セルフセンサーを磨いて、あなたの〝今〟にとってのベストを見極めて実践する力を身につけていただきたいのです。私のサロンの常連のお客さまの中でも、本当に50歳？とか、もう60歳をとっくに超えられていたの!?などと驚かれる方の共通点は、地味なケアを毎日続けていることです。

これらはこれから先の健康美につながります。そして本書がそのお役に立てたら幸いです。

最後に、出版に際してずっとサポートしてくださった元女性誌編集長の宇居直美さんに心から感謝申し上げます。そしていつも私の心の支えになってくれているサロンのスタッフや家族にも感謝を伝えたいと思います。

ブラウス／Pierrot

Shop List

アブコ	☎ 0120-063-151
MIMC	☎ 03-6455-5165
サロン・ド・メリッサ	☎ 03-5720-7332
ナチュラグラッセ	☎ 0120-060802
ピー・エス・インターナショナル	☎ 03-5484-3481
Pierrot	☎ 06-6245-1205 https://pierrotshop.jp/
ベアミネラル	☎ 0120-24-2273
リツビ	☎ 092-751-5930

50歳からのやめる美容/はじめる美容

参考文献

『八訂 食品成分表2021』（女子栄養大学出版部）

『日本人の食事摂取基準2020年版　厚生労働省「日本人の食事摂取基準」策定検討会報告書』
（伊藤貞嘉・佐々敏 監修）（第一出版）

『シーリー解剖生理学１』（廣川書店）ROD R・SEELEY　TRENT D.STEPHENS　PHILIP
TATE　新井康允・河谷正仁・中井康光 監訳

『シーリー解剖生理学２』（廣川書店）ROD R・SEELEY　TRENT D.STEPHENS　PHILIP
TATE　新井康允・河谷正仁・中井康光 監訳

『食べてはいけない！ 危険な食品添加物』増尾清 監修、堺英一郎 著（徳間書店）

『運動機能障害の「なぜ？」がわかる評価戦略』工藤慎太郎 編著（医学書院）

『ビジュアルでわかるトリガーポイント治療』Simeon Niel-Asher 著、伊藤和憲監訳（緑書房）

『プロフェショナルのためのアロマテラピー』シャーリー・プライス/レン・プライス 著
川口健夫・川口香世子 訳（フレグランスジャーナル社）

『International Phytotherapy Association 植物療法の手引き』（旧国際植物療法協会）

『Orthomolecular Nutrition 分子整合栄養学概論 上巻/下巻』（分子栄養学研究所）

日本抗加齢医学会雑誌『アンチ・エイジング医学』（メディカルレビュー社）
2018 Apr. Vol.18,No 2 /2022 Oct. Vol.18,No 5 /2023 Apr.Vol.19,No2/2023 Dec.Vol.19,No6

J Bone Miner Metab. 2000;18(4):234-6.
Calcium paradox: consequences of calcium deficiency manifested by a wide variety of diseases
T Fujita

Alcohol use and burden for 195 countries and territories, 1990-2016: a systematic analysis
for the Global Burden of Disease Study 2016.

Effect of Menopause end Aging on Mandibular Bone Mineral Density

Motohiro Munakata1), Makoto Shiota2), Eiichi Honda3), Noriko Tachikawa1),
and Shohei Kasugai1,4)

国立研究開発法人 農業・食品産業技術総合研究機構発表
https://www.naro.affrc.go.jp/archive/nfri/introduction/chart/0303/

50歳からの
やめる美容 はじめる美容

2024年7月9日 第1刷発行

著者 山田祥子
発行人 土屋徹
編集人 滝口勝弘
発行所 株式会社Gakken
〒141-8416 東京都品川区西五反田2-11-8
印刷所 大日本印刷株式会社
DTP 株式会社グレン

この本に関する各種お問い合わせ先

本の内容については、右記サイトのお問い合わせフォームよりお願いします。	**https://www.corp-gakken.co.jp/contact/**
在庫については	**Tel 03-6431- 1250（販売部）**
不良品（落丁、乱丁）については	**Tel 0570-000577** **学研業務センター** 〒354-0045 埼玉県入間郡三芳町上富279-1
上記以外のお問い合わせは	**Tel 0570-056-710（学研グループ総合案内）**